Ben Redelings
FC-Album

Unvergessliche Sprüche, Fotos, Anekdoten rund um den 1. FC Köln

AF216989

VERLAG DIE WERKSTATT

CHRISTIAN STREICH — HENNES VIII. — PETER STOEGER

GOATZILLA

SC FREIBURG — 1. FC KOELN

03.03.2015 20:30 UHR — SCHWARZWALDSTADION

Köln.Sport
DAS STADT-SPORT-MAGAZIN

Echte Liebe. — Die andere Familie.

Ein Team. Ein Weg. Einmalig.

Wir leben dich

FUSSBALL IST ALLES

1. FC KÖLN

Mia san mia

SPÜRBAR ANDERS.

WIRKLICH ANDERS?
DIE MARKE FC – DAS STECKT DAHINTER

Ausgabe 04 · April 2016 · 06. Jahrgang 2,00 €

Sportstätten
Der neue Boss im Interview

Felix Sturm
Abschied oder Angriff?

Heinz Flohe
Der Weg zur deutschen Meisterschaft

ballesterer
Fußballmagazin   Nr 114
                                  4,00 €

ENDLICH RUHE!
DIE GESCHICHTE DES
1. FC KÖLN

WIENER SPORT-CLUB
FANS AM PLATZ

LOST GROUND
FRANZ-HORR-STADION

PROTESTKULTUR
ISTANBULER AMATEURE

PETER STÖGER — JÖRG SCHMADTKE

DER
TEUFEL
KRIEGT
NADA

In Kölle gibt's nichts zu holen!

DVD

NACH SCHIRIÄRGER

Darum will Bayern Vidal

kicker   SPORTMAGAZIN

„Ein wenig Hollywood"

Jörg Schmadtke gilt
als starker Einkäufer.
Hier spricht er über
den neuen Weg des
FC und den turbulenten
Transfermarkt.

„Bundesliga-Aktie
wäre ein Feuerwerk"

„Unser Titel war
verdienter als 2014"

Bayern kassiert
knapp 74 Mio.

GROSSE TRANSFER-ÜBERSICHT: Die neuen Gesichter der Liga

Nr. 60

Matthias Lehmann zum Aufstieg des FC:
»Wenn wir nicht alle **einen an der Waffel hätten,** würden wir hier nicht spielen.«

»Ob sie dir nun auf den **Hintern klopfen** oder in den **Hintern treten** – in Köln gibt es wenigstens **Menschlichkeit**.«
(Pierre Littbarski)

»Ich bin Angestellter des 1. FC Köln und würde auch trainieren, wenn der Trainer Willy Millowitsch hieße.«
(Toni Schumacher)

»Ich weiß gar nicht, wer zuerst in Köln war: der Klub oder die Stadt.«
(Volker Finke)

»Ich war schon FC-Fan, als Overath noch als Quark im Schaufenster ausgestellt war.«
(Peter Neururer)

»Barça hat **Messi,** **Bayern** hat **Schweini,** wir haben **Poldi.**«
(Michael Rensing über die Idole der Klubs)

»Meinem 1. FC Köln will ich nahe sein, bis ich 100 werde und dann bei einem Glas Kölsch tot an der Theke umfallen.«
(Der Weltmeister von 1954, Hans Schäfer, anlässlich seines 75. Geburtstags)

»Ich bin Optimist. Sogar meine Blutgruppe ist positiv.«
(Toni Polster)

»Im Kölner Stadion ist immer so eine super Stimmung, da stört eigentlich nur die Mannschaft.«
(Udo Lattek)

»Ob Rotationsprinzip oder Detonationsprinzip: Hauptsache wir gewinnen!«
(Christoph Daum)

»Wenn Bodo Illgner Busfahrer wäre, würde Bianca den ganzen Tag Bus fahren.«
(Norbert Pflippen, Spielerberater)

»Wenn wir heute Abend schon mit Karneval anfangen, am 11.11., in welchem Zustand sollen wir dann im März sein?« (Ewald Lienen)

»20 gegen zwei? Trainer, glauben Sie, das geht?«
(Michael Kostner, nachdem Peter Neururer ein Trainingsspiel Raucher gegen Nichtraucher angeordnet hatte)

»Geht nach Hause und macht viele, viele Mitglieder für den FC!«
(Vizepräsident Toni Schumacher während der Saisoneröffnung 2015/16 auf der Bühne zu den 40.000 Fans)

Jasmin und Toni Schumacher auf der Karnevals-sitzung des 1. FC Köln am 2. Februar 2016

»Ich weiß nicht. Das ist doch meist am Mittwoch-abend. Da habe ich Kegeln.«
(Paul Steiner auf die Frage, ob er gerne in der Nationalelf spielen wolle)

»Da, wo **ich** herkomme, gehört **Eierkopp** nicht zur Form der Beleidigung.«
(Kölns Manager Jörg Schmadtke verrät, was er zum Schiedsrichter gesagt hatte, bevor er in der Saison 2015/16 in Bremen auf die Tribüne geschickt wurde.)

»Guten Tag, dat hab' ich ihm gesagt.«
(Sportdirektor Jörg Schmadtke in der Saison 2016/17 vor dem Derby in Mönchengladbach auf die Frage, was er Ersatztorwart Thomas Kessler vor dem ersten Saisoneinsatz gesagt habe)

»Ich *hoffe*, dass es keine Beleidigung ist. Denn das sagt er **jeden Tag** zu mir!«
(Peter Stöger ein paar Tage später im »Doppelpass«)

»Der Trainer hat gesagt, wir sollen den Fokus höher legen.«
(Lukas Podolski)

Starschnitt ·············
Pierre Littbarski

»In der ersten Halbzeit haben wir ganz gut gespielt, in der zweiten fehlte uns die Kontinu…, äh Kontuni…, ach scheiß Fremdwörter: Wir waren nicht beständig genug!«

»Wir stehen weit hinten, haben fast keine Pluspunkte. Woran man wieder mal erkennt: Am meisten vermisst man eben die Dinge, die man noch gar nicht so richtig besessen hat.«

»Eine Mutter Teresa, die den 1. FC Köln gesundbeten will.«
(»Süddeutsche Zeitung«)

»Sag mir, wenn du Geburtstag hast, damit ich dir rechtzeitig einen eigenen Ball schenken kann.«
(Der niederländische Trainer Rinus Michels zu Pierre Littbarski, nachdem dieser das Fummeln etwas übertrieben hatte)

»Wenn wir so weitermachen, können wir vielleicht auch da wieder anknüpfen, wo wir eigentlich hinwollen.«

Pierre Littbarski (1. FC Köln)
Autogrammadresse: An der Holzhecke 11,
5020 Frechen-Bachem

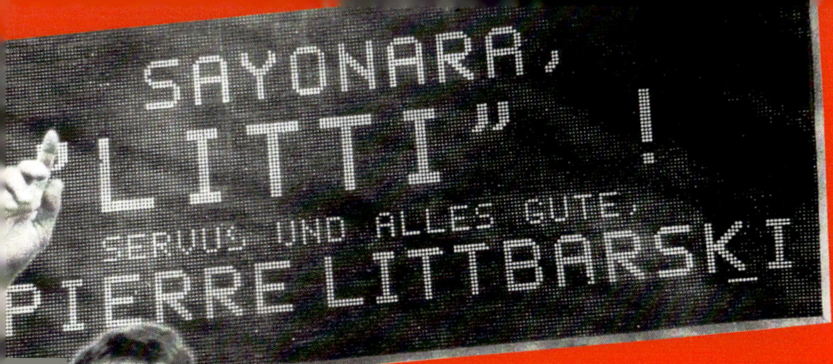
SAYONARA,
"LITTI" !
SERVUS UND ALLES GUTE,
PIERRE LITTBARSKI

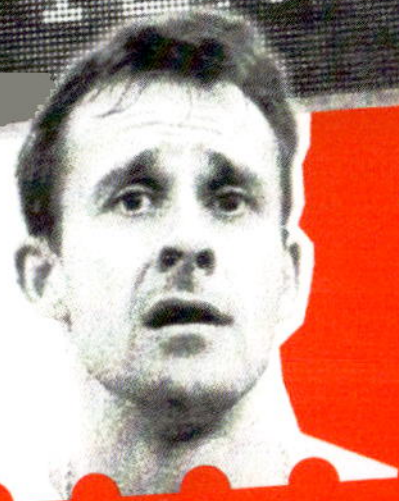

»Hansa hat den Platz wie angekündigt umgegraben, obwohl der das ja eigentlich vorher schon war.«

(Über den Zustand des Rasens und die Spielweise von Hansa im Ostseestadion)

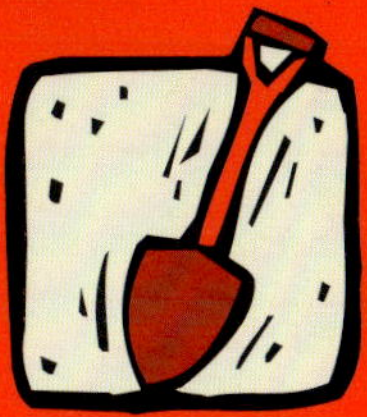

»Wir sind doch als Fußballer in erster Linie **Künstler**, die mehr vom **Applaus** leben als vom **Geld**.«

»Die beste Mannschaft ist immer die, **in der ich aufgestellt bin.«**

»Dass ich eine sportliche Disziplin ausübe, bedeutet doch nicht, dass ich Sport nur aus Disziplin ausübe.«

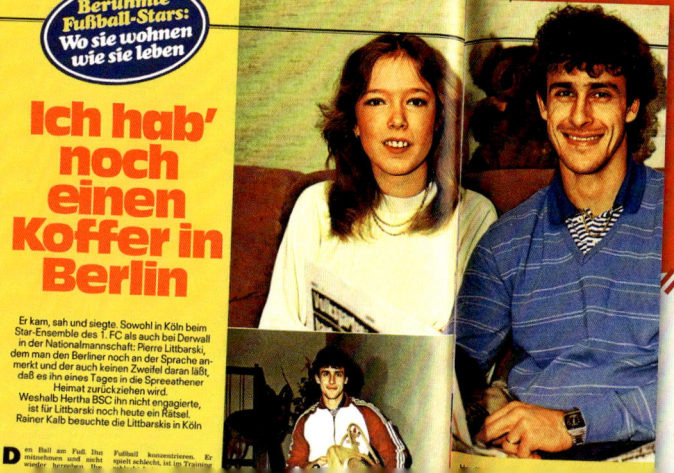

Berühmte Fußball-Stars: Wo sie wohnen wie sie leben

Ich hab' noch einen Koffer in Berlin

Er kam, sah und siegte. Sowohl in Köln beim Star-Ensemble des 1. FC als auch bei Derwall in der Nationalmannschaft: Pierre Littbarski, dem man den Berliner noch an der Sprache anmerkt und der auch keinen Zweifel daran läßt, daß es ihn eines Tages in die Spreeathener Heimat zurückziehen wird.
Weshalb Hertha BSC ihn nicht engagierte, ist für Littbarski noch heute ein Rätsel.
Rainer Kalb besuchte die Littbarskis in Köln

Den Ball am Fuß. Ihn mitnehmen und nicht wieder hergeben. Ihn …

… Fußball konzentrieren. Er spielt schlecht, ist im Training …

Starschnitt
Peter Stöger

»Ich habe dem Linienrichter meine Brille angeboten, aber auch das hat er nicht gesehen.«

(Fußballspruch des Jahres 2016)

»Hand wird in Köln etwas anders bewertet. Wir nehmen das zur Kenntnis und werden im Training das eine oder andere umstellen. Denn wenn es nicht geahndet wird, können wir uns selbst ein bisschen in den Bereich reinarbeiten und bald auch etwas mehr mit der Hand spielen.«

(Nach einem Spiel gegen Hoffenheim, in dem diverse Handspiele des Gegners nicht geahndet wurden)

»DIE MEISTEN VERTRAGEN EH NICHT VIEL.«

(Auf die Frage, ob ein Wiesn-Besuch seiner Mannschaft zu ausschweifend sein könnte)

»Wenn du in **drei Spielen sieben Punkte** machst, kannst du leicht in der Gruppe ums Lagerfeuer tanzen. Wenn du **dreimal verlierst**, musst du schauen, wie viele Jungs sich noch am Lagerfeuer treffen.«

»Dann würden wir daran teilnehmen.«

(Auf die Frage, was passiert, wenn sich der FC 2017 für die Europa League qualifizieren sollte)

Die Trainer-Familie Stöger kommt im **Karneval 2014** endlich richtig in Köln an. Beim Rosenmontagszug ziehen FC-Coach **Peter Stöger** und seine Freundin **Ulrike Kriegler** voll mit und die Kölner Jecken in ihren Bann. Und weil das Ganze so viel Spaß macht, präsentiert die Trainer-Frau auch gleich einen **Karnevalssong** und das passende Video mit Foto-Impressionen aus dem Leben der Stögers auf der Facebook-Seite ihres Partners. Glücklich sagt sie über ihren Song: »Es ist eine Art **Hommage an Köln und den Karneval**. Es war einfach genial für mich, dabei zu sein.«

11

Auf dem Bild: **ie „FC-CHARTA", unser Leitbild!**

DAT FC-JEFÖHL

UNSER GRUNDSATZ – RUT UN WIESS, DU BES JESETZ
Wir alle sind mit Leidenschaft und Verantwortung der 1. FC Köln. Vereinsname, Vereinslogo stehen für unsere unveränderbaren Werte.

UNSERE WERTE – LEVVE UN LEVVE LOSSE
Wir wollen Toleranz, Fairness, Offenheit und Respekt – immer und überall.

UNSERE IDENTIFIKATION – OP TREU UN OP IHR
Wir lieben Köln, die Region und die rheinische Lebensart. Es ist eine Ehre, dem FC verbunden zu sein. Der FC ist für uns ein Stück Kultur.

UNSERE HEIMAT – DE STADT MET DEM STAATSE DOM
Der FC gehört zu Köln, wie Dom und Rhein, wie Karneval und Brauchtum.
Wir achten und pflegen unsere Tradition.

UNSERE MITGLIEDER – MER STONN ZESAMME
Mitglieder und Gremien handeln mit Wertschätzung koop...
Unterstützung untereinander. Wir haben Verantwortung...
für Projekte, Jugendförderung, ... Wir engagieren uns!

UNSERE GASTFREUNDSCHAFT – SCHÖN, DAT DE DO BES
Herzlich Willkommen „in der schönsten Stadt Deutschland...
was Du hast oder bist, wie Du lebst und wen Du liebst.

UNSERE ZIELE – FC JEFF JAS
Wir wollen den sportlichen Erfolg, ohne unsere Werte aufzu...
langfristige Bindung von Mitgliedern, Sportlern und Fans an den FC...

UNSERE JUGEND – UNS ZOKONF
Wir fördern Talente als Investition in die Zukunft – für den Sport...
persönliche Entwicklung und für unseren FC.

UNSERE SPIELER – NUR ZESAMME SIN MER STARK
Unsere Spieler sollen Vorbilder sein. Der 1. FC Köln 01|07 e. V. macht...
unsere Vereinskultur auch in der Lizenzspieler-Gesellschaft zu vera...
dabei über wirtschaftlichen Interessen.

UNSERE FANS – ECHTE FRÜNDE
Der FC steht für eine lebendige, humorvolle, respektvolle, offene...
leidenschaftliche Fankultur. Wir tolerieren kein Verhalten, wodu...
oder materieller Schaden entsteht. Wir setzen uns aktiv gegen...

UNSER HANDELN – MER DUN ET MET HÄTZ UN SIEL
Wir leben diese Grundsätze mit Stolz – jetzt und hier und überal...

»Oh, das ist meine Frau. Die will fragen, ob ich morgen noch eine Arbeit habe.«

(Trainer Ståle Solbakken, als sein Handy während der Pressekonferenz nach einer Niederlage beim Aufsteiger FC Augsburg klingelt)

 »Liebchen, mach mal den Herkenrath.«
(Die Eltern von Toni Schumacher in Erinnerung an Fritz Herkenrath)

»Wie gute Ehemänner: Was wir auswärts verdienen, geben wir zu Hause ab.«
(Toni Polster nach einem Auswärtssieg und einer Heimpleite)

»Ich habe 15 Jahre Gymnastik in Burkina Faso gemacht.«
(Torschütze Wilfried Sanou über seinen Flickflack-Jubel)

»Ich würde uns durchaus mit **Bayern München** vergleichen. **Nur, dass wir die Tore kassieren, die die schießen.«** *(Pierre Littbarski)*

Trainer Rinus Michels hat eine urkölsche Gepflogenheit als ein Problem ausgemacht: »Ich habe den Begriff **Klüngel** auf den Tisch gelegt und geguckt, was daran stimmt, ob es das überhaupt gibt oder ob das nur wieder so ein Wort ist, das plötzlich zu leben beginnt wie ein Image. Es gibt dieses Phänomen tatsächlich. Für meine Arbeit bedeutet das: Hang zur Überheblichkeit und Hang zum Meckern. Die beiden Dinge sind hier in Köln und vielleicht im ganzen Rheinland stärker ausgeprägt als anderswo, ganz eindeutig.«

Die Mutter von **Stephan Engels** weiß ganz genau, wo die Stärken ihres Sohns liegen: **»Der Stephan hat sich schon als Kind nie gefürchtet, die Bullen vom Feld in den Stall zu führen. Da kannte der nichts!«**

Multitalent Engels: Nicht nur Bullen führt er in den Stall, auch mit Pferden kann er gut …

Schiedsrichter

Wolfgang Overath: **»He, Aldinger, jetzt hast du wohl gerade deine schwachen zehn Minuten.«** Heinz Aldinger: **»Und du, Overath, spielst schon 70 Minuten Scheißdreck.«**

»Wir haben nicht das Recht, jede Entscheidung des Schiedsrichters zu kommentieren. Der lacht sich ja auch nicht tot, wenn wir einen Fehlpass spielen.«

(Ewald Lienen)

»Mann! Mehr Abseits geht nicht! Also ehrlich!«

(Christoph Daum zum Linienrichter)

Bei einem 4:1-Sieg der Kölner gegen den FC Schalke 04 fliegen aus beiden Blöcken Leuchtraketen auf den Rasen. Doch Schiedsrichter **Wolf-Dieter Ahlenfelder** steht nur mit einem breiten Grinsen am Spielfeldrand und deutet fröhlich auf das Feuerwerk: **»Wie Karneval in Rio!«**

»Ich werde dem Schiedsrichter meinen **Optiker** empfehlen.«

(Jürgen Kohler)

»Kartoffelchips stehen für Spaß und Lebensfreude. Damit kann der FC sich sehr gut identifizieren.«

(Geschäftsführer Claus Horstmann über den neuen Trikotsponsor Chio)

»Eher gewinnt Boris Becker noch mal Wimbledon, bevor der 1. FC Köln Deutscher Meister wird.«

(Günther Jauch ziemlich böse)

»Ich werfe elf Trikots hoch. Wer eins fängt, darf spielen.«

(Peter Neururer)

»Seitdem Uwe Rahn aus Gladbach weg ist, spielt er wie ein arbeitsloser Lehrer. **Er hat keine Klasse mehr.«**

(Norbert Pflippen)

Lukas Podolski bejubelt seinen Treffer zum 1:0 gegen Borussia Mönchengladbach am 31. Januar 2004.

»Lukas Podolski ist ein **Muskelpaket** mit einem Schuss wie ein Pferd, dazu ein lieber, gemütlicher Typ, der Harmonie und Ruhe mag. Lukas wird **kein dicker Brummer,** aber vielleicht so ein **kleiner, gemütlicher Dicker.** Die wunderbare Küche seiner schlesischen Heimat könnte da einiges beitragen.«

(Reiner Calmund wagt eine Gewichtsprognose.)

»Wer hier reingrätscht, ist beinahe ein Selbstmörder!«

(Wolfgang Overath bei der Begutachtung eines ramponierten Platzes)

»Endlich habe ich mal wieder drei Punkte geholt.«

(Peter Neururer, als er mit 143 km/h – erlaubt waren 100 – geblitzt wurde)

»Wenn der kleine Kölner Heldt eine Ansichtskarte in den Briefkasten werfen will, braucht er ein Trampolin.«

(Max Merkel)

»Drei Punkte sind drei Punkte, und wir brauchten drei Punkte.«

(Thomas Häßler)

»Das natürliche Durstgefühl bekämpft man am besten mit warmem Kaffee oder Tee. Kalte Getränke und Limonaden sind für den Magen schädlich und verlangen noch mehr Flüssigkeitszufuhr, die das vom Wettkampf angespannte Herz noch mehr belastet.«

(Hennes Weisweiler)

»Gut, dass wir schwarze Hosen anhatten, sonst hätte man unsere Knödel gesehen.«

(Thomas Cichon)

Starschnitt ·············
Christoph Daum

»Die Wahrnehmung des Menschen erfolgt über die Augen: Was man sieht, will man haben. Wenn ich 35.000 Mark verspreche, ist das eine abstrakte Summe. Profis müssen Geldscheine sehen. Ich bin sogar einen Schritt weiter gegangen: Woher kommt das Wort ›begreifen‹? Ein Kind lernt seine Umwelt kennen, indem es greift, anfasst, eben begreift. Ich habe also die Banknoten auf Pappe geklebt und die Spieler anfassen lassen. **Da werden ganz andere körperliche Prozesse ausgelöst, als wenn ich nur sage: Jungs, es geht um 35 Mille.**«

*Christoph Daum als Karnevalsprinz
beim Rosenmontagsumzug 2008*

»Das Flackern in meinen Augen werde ich auch in Zukunft nicht ändern können.«

*(Im Zusammenhang mit seinem
Drogengeständnis)*

»Im Vergleich zu den Artikeln, die sie schreiben, sind die Märchen aus Tausendundeiner Nacht **empirische Untersuchungen.**«

(Über türkische Sportjournalisten)

»Mein Lieblingstier ist der Elefant. Er hat eine dicke Haut und einen breiten Rücken.«

»Zur Entwicklung jedes normalen Menschen gehört es ja wohl, dass er eine **Sturm-und-Drang-Phase** hat. Da bin ich jetzt, na und?!«

(Als 39-Jähriger)

Fußballer und ihre Autos, Folge 1.342: Hier präsentiert Christoph Daum dem Fotografen seinen neuen Renault (November 1987).

»Vielleicht bin ich der Lautsprecher der Liga. Aber ich sage allen, die an irgendwelchen Knöpfen zu drehen versuchen: Ich schalte mich selber an – oder auch nicht.«

»Wir haben ungefähr 27 Gruppen im Kader. Wir treten an unter der Prämisse der **Artenvielfalt**.«

»Wie soll ich mich fühlen!? Ich freue mich immer über Niederlagen!«

(Nach einer Niederlage auf seine Gefühle angesprochen)

»Der Erfolg eines Klubs fängt dort an, wo auch der Platzwart zum Siegertyp wird.«

Juli 1988: Im Trainingslager in Garmisch-Partenkirchen wird ein Heimatabend veranstaltet und auch Trainer Christoph Daum besorgte sich ein Trachtenkostüm.

»Ich kriege keine **Probleme** mit den Spielern.
Ich bin ja selber ein **Problemfall**.«

(Peter Neururer)

»Als Trainer habe
ich schnell gelernt:
Man kann sich
nichts notieren,
wenn man **keinen
Zettel** hat.«

(Ewald Lienen)

»Man kann wirklich nicht
immer **seiner eigenen
Meinung** sein!«

(Jörg Berger)

»Wenn in einem
Verein mal der
**Haussegen
schiefhängt**,
sollte ein
Trainer nicht
versuchen,
bedingungslos
die Wände
danach aus-
zurichten.«

(Udo Lattek)

»Wer sich in dieses Geschäft begibt, muss aufhören zu träumen. Selbstverständlich muss der Mensch **träumen**. Aber das soll er bitte nachts tun. Das gilt auch für Fußballprofis. Wobei ich allerdings hinzufügen muss: Die sollen **nachts lieber schlafen**!«

(Hennes Weisweiler)

»Dieser **Schwartlappen**. Ich bin schon länger als zehn Jahre im Geschäft und immer noch dabei. Daum wird in der Bundesliga keine zehn Jahre erleben.«

(Erich Ribbeck über Christoph Daum)

»Wir haben ein Tor kassiert, bevor wir wussten, wie viel Luft im Ball ist.«

(Erich Rutemöller)

»Wir müssen **ein bisschen sehr** zufrieden sein.«

(Uwe Rapolder)

Mars

bringt verbrauchte Energie sofort zurück

Candy-Creme erhöht die Ausdauer

Traubenzucker in Butter-Karamel schenkt rasch frische Energie

Feine Vollmilch-Schokolade gibt neue Kraft

35 Pf.

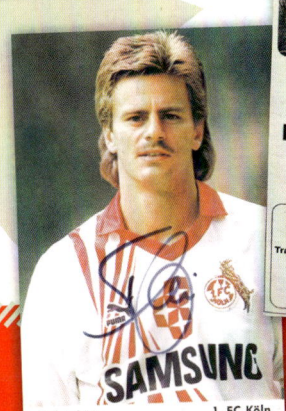

SAMSUNG

Falko Götz   1. FC Köln

»Mann, wir **Schwatten** müssen doch zusammenhalten!«

(Anthony Baffoe nach einer Gelben Karte zum Schiedsrichter)

»Die Pöbler unter den Fans? Erstens spreche ich **besser Deutsch** als die meisten von denen, und **mehr im Kopf** habe ich außerdem.«

(Anthony Baffoe)

»**Jörg Berger zieht wieder eine Schnute. Der Schmollmund ist sein Verfassungsorgan.**«

(»Kölner Stadtanzeiger«)

»Patrick Weiser, höre ich, ist glücklich, dass er in der Bundesliga aufläuft und eine hübsche Frau hat. **Der merkt wohl nicht, dass wir vorm Abstieg stehen.**«

(Trainer Wolfgang Jerat im Jahr 1993)

»**Ich kenn den doch. Der steht zu Haus unterm Pantoffel und muss sich abreagieren.**«

(Josef Kapellmann über Heinz Simmet)

Trainer Zlatko »Tschik« Cajkovski beim Fototermin am 25. Juli 1974 mit Zimmermann, Strack, Ehmke, Matern und Fotograf Heinz Pfeil

»Der 1. FC Köln spielt zurzeit
so gut, wie Tschik Cajkovski Deutsch spricht.«

(Ein Mitglied des »FC-Freundeskreises«)

Als Peter Neururer entlassen wird, bringt er mit einem belei-
digten Unterton das Problem des 1. FC Köln dieser Jahre auf den
Punkt: »**In Köln rauszufliegen ist keine Schande.** Ich habe
meinen Vertrag sogar zweimal verlängert – wer hat das denn in
Köln sonst noch geschafft. Einen Fußball-Nobelpreis gibt es ja
nicht. Aber eigentlich hätte ich ihn verdient!«

Nachwuchstrainer Christoph Daum ist mit der Abschluss-Platzierung
auf dem dritten Rang sehr zufrieden. Ganz gewieft sagt er: »**Wären
wir Zweiter geworden, dann gäbe es in der nächsten Saison
nur noch eine einzige Steigerung.**«

Starschnitt ••••••••••••••
Thomas Häßler

»Wir wollten in Bremen kein Gegentor kassieren. Das hat auch bis zum Gegentor ganz gut geklappt.«

»Mit kleineren Füßen ist es leicht, in die Fußstapfen der Großen zu treten.«

Was unsere Leser von Thomas Häßler wissen wollten

Für mich ist Treue kein leeres Wort

»Herzlichen Glückwunsch an Marco Kurz. Seine Frau ist zum zweiten Mal **Vater geworden**.«

»Wenn man mir die Freude am Fußball nimmt, **hört der Spaß bei mir auf!**«

»Ich bin im Moment sehr zufrieden mit mir. Man kann sich schließlich für die Fehler, die man nicht macht, nicht oft genug begeistern.«

>>Eine Drehung mehr, und ich wäre im Rasen verschwunden.<<

(Über den sehr tiefen, neu verlegten Rasen im Westfalenstadion)

>>Ja, ich sach ma,
die **Irländer**
waren am Anfang
stark ...<<

(Nach einem Länderspiel
gegen Nordirland)

>>In der Schule gab's für
mich Höhen und Tiefen.
Die Höhen waren der
Fußball.<<

>>Ich bin körperlich
und physisch topfit.<<

>>Wir wurden leider nicht für unser
Arrangement belohnt.<<

>>Ich versuche
immer, gut zu
spielen, wenn ich
die Möglichkeit
kriege oder der
Trainer mich
aufstellt.<<

Starschnitt
Heinz Flohe

Artikel im »fußball magazin«

Heinz Flohe lobt den RWE-Akteur Hansi Dörre etwas um die Ecke gedacht: **»Sein Ruf ist schlechter als seine Spielweise!«**

Heinz Flohe fährt den SILBERPFEIL

Sein Auto kostet noch nicht einmal 20 000 Mark, es ist ihm trotzdem gut und teuer. Sein Auto fährt noch nicht einmal 200 km/h, er findet es trotzdem schnell. Heinz Flohe ist mit seinem silbergrauen Alfa zufrieden, doch das ist nicht der einzige Grund, warum er der italienischen Automarke so lange treu blieb.

Nach der Partie des FC Bayern beim 1. FC Köln klopft **Paul Breitner** zwei Minuten nach Spielschluss an die Kölner Kabinentür. Trainer Lorant öffnet und schaut den Profi des FC Bayern verdutzt an. »Das ist das Rezept für Flohe!«, drückt er dem Übungsleiter einen Zettel in die Hand und geht. Vor dem Spiel hatte Flohe über seinen Dauerhusten geklagt, und Breitner hatte ihm ein Rezept versprochen, das bei ihm geholfen hatte. Das ist wahre Kollegialität unter Profis, die selbst FC-Trainer Lorant staunend zurücklässt.

Aller Anfang ist schwer: Noch nicht da und doch wird **Paul Steiner** in Köln schon gehasst. Sein Foul an der FC-Legende **Heinz Flohe** hat niemand vergessen. Und nun soll der Duisburger zum FC wechseln. Nicht mit den Fans. Die stimmen beim Spiel des MSV in Köln »Flohe«-Rufe an, schreien »Steiner, du Sau!« und halten Transparente hoch: »Rache für Flohe – Steiner, du Sau, bleib beim MSV«. Und was sagt Steiner? Er macht sich bei den FC-Anhängern noch ein bisschen beliebter: »Hätte sich mir die Chance zum Tor geboten, ich hätte sie genutzt. Da gibt's nix!«

KARLSBERG

Karlsberg wünscht seinem Freund Heinz Flohe viel Erfolg

KARLSBERG

KARLSBERG BRAUEREI · 6650 HOMBURG · SAAR

Ein Kuriosum spielt sich während der Winterpause der Saison 2010/11 in Hamburg ab: Ein technischer Fauxpas verhindert in letzter Minute den Wechsel des HSV-Kickers Choupo-Moting zum 1. FC Köln. Fristgerecht um 17:49 Uhr versucht er seinen Vertrag zum neuen Arbeitgeber nach Köln zu faxen, doch die Übertragung bricht einfach ab. Auch ein weiterer Versuch scheitert kläglich. Erst um 18:03 Uhr sind alle technischen Probleme so weit behoben, und das Fax landet beim FC. Leider zu spät. Die DFL kennt keine Gnade. Als um 18:14 Uhr schließlich auch alle Unterlagen in Frankfurt vorliegen, hat man dort bereits das berühmte **Transferfenster geschlossen**. Rien ne va plus – nichts geht mehr.

»Das ist wie bei einem Elektriker, der hinkommt und nur einen Wackelkontakt beheben muss, weil eigentlich alles vorhanden ist. Er fügt die richtigen Stecker zusammen und plötzlich ist alles wieder unter Höchstspannung.«

(Christoph Daum über seine Rolle als Trainer)

Starschnitt
Bodo Illgner

Nachdem Bodo Illgner 1996 den 1. FC Köln über Nacht Richtung Spanien verlassen hat, ist es erst mal ruhig um das schillernde Ehepaar Illgner geworden. 2005 stellt der ehemalige Nationaltorhüter zusammen mit seiner Frau **Bianca** den fiktiven Tatsachenroman **»Alles«** vor. Viele Geschichten der beiden Hauptcharaktere **Kevin** (Bodo) und Jasmin (Bianca) spielen sich im Umfeld eines Vereins ab, der im Buch nur **»FC«** genannt wird. Der Clou: Alle handelnden Personen heißen nicht wie im wahren Leben, sondern haben »Tarnnamen«. Ein Bundestrainer heißt beispielsweise Hans Eckenhauer, der danach Peter Wadenbein. Und der Trainer von Kevin beim FC wird nur **Josch** genannt. Offensichtlich ein lustiger und lebensfroher Zeitgenosse mit zwei Gesichtern. Bei einer kleinen Mannschaftsfeier in

einem Etablissement steigt er überraschend aus einer großen Torte und entledigt sich anschließend seiner Kleidung, bis er von Kevin »abgeführt« und in seinem Wagen nach Hause gefahren wird: »Ich packte mir den Trainer und trug, oder besser gesagt, schleifte ihn zu seinem Mercedes. Als ich den Motor anließ, betätigte er einen Knopf und **öffnete das Schiebedach**. Gut! Ein bisschen frische Luft konnte ihm wirklich nicht schaden. Als ich auf der Hauptstraße auf achtzig km/h beschleunigte, stand er plötzlich auf, sein Oberkörper ragte aus dem Wagen heraus. **›FC vor, noch ein Tor‹,** grölte er immer wieder. Ich beschwor ihn, sich wieder zu setzen, als eine **Ladung von Undefinierbarem** auf die Windschutzscheibe klatschte.« Am nächsten Morgen holt Kevin den wie ausgewechselt wirkenden Coach mit dessen Wagen zu Hause ab. Gemeinsam fährt man zum Training. Kurz vor dem FC-Gelände **stoppt Josch** abrupt: »Was gestern passiert ist, streichst du am besten aus deinem Gedächtnis! So, jetzt steig hier aus und geh die letzten Meter zu Fuß. Nun mach schon, meinst du, ich will gesehen werden, wie ich **mit einem Spieler** zum Training fahre?!«

»Den Pass hätte sogar ich mit einem **Spurt von der Bank** noch abfangen können.«

(Peter Neururer zur Lethargie seiner Abwehrspieler bei einem 40-Meter-Pass)

»Man kann von bestimmten Leuten derart geschickt ein Bein gestellt bekommen, dass man sein Leben lang hinfällt.«

(Ewald Lienen)

Association for Japanese-Language Teaching

Japanisch im Sauseschritt 1

コミュニケーションのための日本語 1

Lernen und Üben mit Pierre Littbarski

Neuauflage

Dr. Hammes Doitsu Gakuin Ltd.

»Mit 1,68 bin ich auch in der japanischen Elf der Drittkleinste.«

(Pierre Littbarski)

"Lesen Sie alle meine Tipps für Asien"

Pierre Littbarski
Fußball-Legende und Trainer

»Ich habe kaum drei echte Abwehrspieler, da kann ich ja nicht mit einer Viererkette spielen.«

(Uwe Rapolder)

»Der Bundestrainer hat uns gut eingestellt – man hat ja gesehen, wir haben uns schwergetan.«

(Lukas Podolski)

»Solche Leute liebe ich. Kevin würde auch im Tor spielen. Der meckert nie über seine Position.«

(Michael Meier über Kevin McKenna)

»Das Kopfballduell, das Kevin McKenna verliert, muss noch erfunden werden.«

(Frederic Latz, Medienbeauftragter)

Kevin McKenna und Frederic Latz mit der Meisterschale nach der Zweitliga-Meisterschaft 2013/14

Man kann es sich angesichts der heutigen mobilen Dauerverfügbarkeit an jedem Ort dieser Welt fast nicht mehr vorstellen, aber es gab tatsächlich einmal Zeiten, in denen ein eigener Telefonanschluss fast schon Luxus war. Anfang der 1990er Jahre will Hansi Flick in seinem Wohnort ein Telefon anmelden. Kein Problem, könnte man meinen, doch damals waren tatsächlich alle Leitungen belegt. Die Auskunft der Behörde: »Telefon gibt es frühestens Ende 1991.« Eine echte Notsituation. Gut nur, dass Flick einen prominenten wie generösen Nachbarn hat: Pierre Littbarski. Der handelt sofort, geht zum Amt und bietet an: **»Ich melde mein Fax ab, dann ist eine Nummer frei. Aber nur, wenn der Hansi die freie Leitung bekommt.«**

OHNE TONI
WIE
BAYERN
-NE STRAUSS

Wir sind aus Stuttgart
gereist, um der Vorstandschaft
sagen: Ihr habt mit Toni
nach ein großen scheiß
wollen Toni wiederhaben!!!

F.K
+ TONI
HK WIR BLEIBEN
DIR TREU

»Ich würde das Buch sofort wieder schreiben. Lieber ein Jahr lang **Löwe** als zehn Jahre **Schaf**. Woher sollte ich ahnen, dass Wahrheit in Deutschland verboten ist?«

(Toni Schumacher über sein Buch »Anpfiff«)

Als das erste Kind erwartet wird, muss **Hans Schäfer** wieder einmal mit seinem 1. FC Köln auf »Reisen um die Welt«, »von denen viele sehnsuchtsvoll träumen«. Ihm ist nicht wohl bei dieser Vorstellung, doch seine Frau Isis schickt ihn fast ein wenig empört weg: **»Kriege ich nun ein Kind oder du?«**

Was für eine symbolträchtige Autogrammadresse für den Franzosenschreck der Weltmeisterschaft von 1982:
Toni Schumacher
Krankenhausstraße 88
5030 Hürth

Mai 1958: Hans Schäfer (an der Zapfpistole) betreut mit Mannschaftskamerad und Tankstellenbesitzer Hans Sturm (l.) einen Taunus-Fahrer.

Starschnitt
Tschik Cajkovski

»Wenn einer auf so einer Pressekonferenz **geschwollen** daherredet, sind am wenigsten **seine Mandeln** schuld.«

»Rauschender Beifall interessiert mich nicht mehr. Der erinnert mich nur noch an eine nachhaltig betätigte Wasserspülung.«

»Das ist kein Unvermögen. Bei uns ist das Kunst.«

(Nach mehreren vergebenen Torchancen seines Spielers Dieter Müller)

9. Mai 1962: Vor dem Finale um die Deutsche Meisterschaft gegen den 1. FC Nürnberg beziehen die Kölner ihr Quartier in Berlin. Dort überwacht Tschik Cajkovski, wie Ernst-Günter Habig den Rasen mäht.

»Die Torhüter spinnen alle ein bisschen. Ich kannte mal einen, der schrieb einen Brief deshalb langsam, weil er wusste, dass seine Mutter nur langsam lesen konnte.«

Starschnitt ....
Lukas Podolski

»Doppelpass alleine?
Vergiss es!«

»So ist Fußball.
Manchmal gewinnt
der Bessere.«

POLDi
Arsenal ist kein Stadtteil
zwischen Nippes & Ehrenfeld

**»Fußball
ist einfach:
rein das Ding –
und ab nach
Hause.«**

»16 Spiele, 7 Tore.«
*(Nach dem feststehenden Abstieg der Kölner
auf die Frage nach seiner Saisonbilanz)*

**»Ich kann mich an das Spiel
gar nicht mehr erinnern.«**
*(Auf die Frage, was er vor dem Länderspiel
Deutschland gegen Ungarn mit dem
Weltmeisterschafts-Finale von 1954 verbinde)*

**»Wir müssen die Köpfe
hochkrempeln und die
Ärmel natürlich auch.«**

»Aber vorher
müssen wir
uns das Tor
von Wolfgang
Overath mit
rechts auf der
Zunge zergehen
lassen.«
(Heribert Faßbender)

»Otto Rehhagel ist
älter als die **sechs
Spieler zusammen,**
die ich auf der Bank
hatte.«
(Trainer Ståle Solbakken vom 1. FC Köln nach dem 1:1 bei 1899 Hoffenheim)

»Wenn der Song
auch noch bei
Bayern wäre,
würden die ihre
Gegner schon
in der Kabine
fressen.«
*(Johannes B. Kerner zu einem
Gerangel zwischen Oliver Kahn
und Rigobert Song)*

»Das ist so, als wenn
dir einer ein
Messer in den
Bauch rammt,
und du musst
noch dabei
lächeln.«
*(Christoph Daum zur
Leistung des Schiedsrichters)*

>>Und wenn sie mich mit Kohle zuschütten: Man kann mich bezahlen, aber man kann mich nicht kaufen.<< *(Peter Neururer)*

>>Ich habe ihn ausgewechselt, weil ich einen anderen Spieler einwechseln wollte. Da musste ich einen auswechseln.<< *(Ewald Lienen)*

>>Weil die Torhüter immer besser werden.<<

(Christian Timm auf die Frage, warum er seit der Vertragsverlängerung beim 1. FC Köln kein Tor mehr geschossen habe)

>>Poldi erinnert mich an **Boris Becker** zu seinen **schlechtesten Zeiten.** Becker hat sich auch immer aus dem Rhythmus gebracht, wenn er zu viel gemeckert und seinen Schläger geschmissen hat. **Dann hat er auch immer verloren.**<<

(Harald Strutz, Präsident von Mainz 05)

>>Bock4Life<<

(Fan-Plakat zu Ehren des Geißbock-Maskottchens)

Anfang der Saison 1992/93 brennt in Köln der Baum. Littbarski: »Viele von denen denken doch nur ans Geld, an den nächsten Vertrag. Sie spielen egoistisch, denken nur daran, selbst gut auszusehen. Ich habe mich früher bei TV-Interviews nach dem Spiel noch ungeniert geschnäuzt. Die Jungs heute aber föhnen sich erst mal die Haare, bevor sie ihre Sprechblasen absondern, und denken schon auf dem Spielfeld nach, was sie gleich Kluges zur Entschuldigung in die Kameras sagen.« Quasi mit Ansage reagiert einer der Angesprochenen, Rico Steinmann: **»Ich fühle mich durch Littbarski an der Entfaltung meines wahren Könnens gehindert.«**

Harald Schumacher viele Jahre nach seiner Karriere einmal über das Thema Doping: »Wenn ich mal sterbe, könnt ihr auf meinem Grab keine Blumen pflanzen, denn die wachsen nicht.«

»Manchmal erscheint mir Udo Lattek im Traum. **Dann rutscht mir die Hand aus.«**
(Erich Rutemöller)

Starschnitt ·········
Bernd Schuster

Gisela Schuster schrieb an ihren Sohn Bernd Anfang der 1980er Jahre einen **offenen Brief** in der Illustrierten »Bunte«, weil sie nicht im Besitz seiner Geheimnummer war: »Lieber Berndi, was ich von dir weiß, weiß ich aus den Zeitungen. Ich habe nicht einmal deine Telefonnummer. Willst du nur deine Ruhe haben? Hat dich der Trubel so verändert? Ich habe mit dir gezittert und gebangt, ich habe mit dir gejubelt und um dich geweint. Herzliche Grüße und alles Gute, **deine Mutti**.«

»Sportlich Franz Beckenbauer, persönlich meine Frau Gaby.«

(1980, auf die Frage nach seinem größten Vorbild)

Bernd Schuster mit Frau Gaby und Sohn Benjamin nach der Taufe im März 1980

»Im Trainingslager zur EM 1980 spitzte der Bernd im Schlaf dauernd den Mund und murmelte: Gaby, Gaby!«

(Bernd Cullmann über seinen Zimmergenossen Bernd Schuster)

»Artikel über mich lese ich nicht. **Das macht meine Frau.**«

Ein Eisberg, der an UFOs glaubt

...CM in Italien, bei ... er zum ...meten des Turniers avanciert war, hatte ihre Auswirkung auch auf unsere Aktion: "Frag Sie Ihren Star". Und wie sie ihn tragten, die Leser, den Bernd Schuster! Vom Fußball bis zu seinem Baby Benjamin reichte die Flut der Fragen an den Kölner, den sie "Eisberg" nennen und der an UFOs glaubt

»Er hat die Intelligenz eines ostfriesischen Teebeutels.«

(Karl-Heinz Rummenigge)

»**Bernd Schuster ist die Liz Taylor des deutschen Fußballs.**«

(Sportjournalist Helmut Schümann)

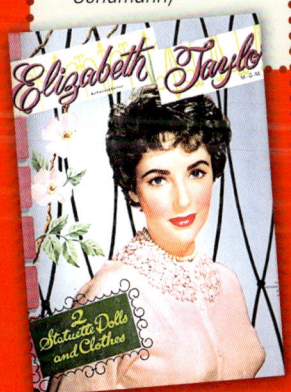

»Eine Meisterschaft ist wie eine Geburt. Sie dauert neun Monate – am Ende wird sie immer schmerzhafter.«

Der Ex-Augsburger macht auch Hausarbeit. Pflegemutti Frau Hammermann umhegt die Kölner Junggesellen (von links) Gerald Ehrmann, Bernd Schuster und Holger Willmer. Trainer Hennes Weisweiler überlegt schon, wie er den „Naturburschen" aus Augsburg in der Mannschaft läßt, wenn der derzeit verletzte Gerd Strack wieder gesund ist.

»**Keiner muss so super spielen wie ich früher.**«

39

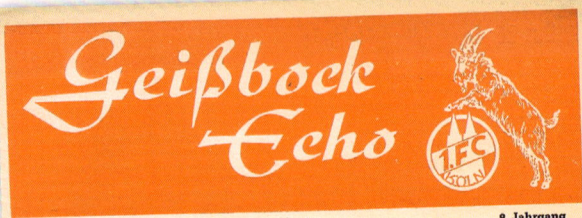

»Dieser **Stolper-könig** ist die Höchststrafe für jeden Mitspieler.«

(Bernd Schuster über seinen Spieler Holger Gaißmayer)

»Dazu möchte ich jetzt keine Stellungnahme nehmen.«

(Stephan Engels)

»Ich hatte im vergangenen Sommer ein Angebot vom 1. FC Köln. Aber ein Wechsel kam nicht in Frage. Da hätten mich die **FC-Fans umgebracht** und die **Bayer-Fans** auch.«

(Ulf Kirsten)

»Carsten Cullmann kann bis zum Rest seines Lebens an der Flasche nuckeln – aber in seinem Garten in Köln-Porz.«

(Ewald Lienen, nachdem Cullmann zur Trinkflasche griff und kurz danach ein Gegentor fiel)

»Die **fußballerische Intelligenz** ist die Grundlage, um einen **sportart-spezifischen Intellekt** aufzubauen.«

(Peter Neururer)

»**Fußball spielt sich zwischen den Ohren ab. Da war teilweise Brachland, das neu bepflanzt werden musste.**«

(Rainer Bonhof)

Trainer **Erich Rutemöller** zeigt wenige Tage vor seinem berühmten Ausspruch »Mach et, Otze« im Pokal-Halbfinale seinem Spieler **Frank Ordenewitz**, wie emotional er im knallharten Bundesligageschäft agiert: **»Vor dem Spiel gegen Wattenscheid standen wir unter Druck. Ich lag nachts um ein Uhr in meinem Hotelbett. Da klingelte das Telefon. Litti war dran. Gerade mal 60 Minuten nach seiner zweistündigen Operation. Er wünschte mir viel Glück fürs Spiel. Da hatte ich Tränen in den Augen und wusste: In dieser Mannschaft bin ich zu Hause!«**

»Der Stürmer muss das **Hecheln** im Ohr haben. Das kann **sehr unangenehm** sein.«

(Jürgen Kohler)

Hier ist es Günter Thiele von Borussia Mönchengladbach, der das Hecheln von Jürgen Kohler im Ohr hat.

»Doppelte Moral im Fußballgeschäft? Natürlich gibt es die. Doppelt hält immer besser.«

(Toni Schumacher)

»Ich würde auch spielen, wenn ich kein Geld dafür bekäme. Aber da es Geld gibt, ist es noch besser.«

(Wolfgang Overath)

»Ich habe den Geißbock gehört, wie er gemäht hat.«

(Michael Rensing auf die Frage, ob er die Zwischenstände auf den anderen Plätzen – gut hörbar durch ein Meckern von Hennes über die Stadionlautsprecher eingeleitet – wahrgenommen habe)

Die moderne Romanze von heute:

Herbert Neumann

Der Blonde ist genau mein Typ

Ein blonder Kölner und eine rassige Schöne aus Portugal. Für Maria Melo ist Herbert Neumann der Mann, den sie suchte.

Herbert Neumann mit Freundin Maria Melo im November 1977

Herbert Neumann ist kein Freund des Star-kults: »Ich tue meinen Job, so gut es geht. Aber **von einem guten Lehrer** zum Beispiel **holt sich doch auch niemand ein Autogramm.«**

Die Kölner siegen trotz des angeblich schlechten **Biorhythmus** ihres Trainers **Rinus Michels**, wie die Stadionzeitung der Münchner vermutet, mit 1:0 bei den Bayern. Der Holländer weiß auch, warum: »Mag sein, dass mein Biorhythmus heute mies war, aber ich habe meinen **Astrologen** befragt, und der hat mir gesagt, uns könne in München nichts passieren.«

Trainer **Georg Kessler** ist ein **akribischer Arbeiter.** Manch einer meint sogar, etwas zu akribisch: **»Selbst die Fliegen in der Geschäftsstelle fliegen bald alle in eine Richtung!«**

◄ *Dieter Prestin und Familie*
▼ *Dieter Prestin angelte sogar die Fische aus seinem Gartenteich.*

Wie sieht eine perfekte Woche bei Kölns Dieter Prestin aus? Ein **Sieg gegen den FC Schalke 04** (3:2) und dann noch mit dem Mannschaftskameraden Paul Steiner **Angeln gehen:** »Wenn jetzt auch noch die Karpfen beißen, ist die Woche gerettet!«

»Bevor ich mit **Bruno Labbadia** fahre, kann ich **besser zu Fuß gehen.** Der braucht eine Stunde zum Duschen, eine zum Rasieren und eineinhalb, um Autogramme zu schreiben.«

(Der Däne Henrik Andersen, auf die Frage, ob er gemeinsam mit Labbadia zurück zu ihrem Wohnort in Belgien fahren würde)

Peter Neururer auf die Frage, ob das intellektuelle Niveau seiner Mannschaft gegenüber der letzten Saison angestiegen sei: **»Im Lösen von Kreuzworträtseln sind wir deutscher Meister.«**

»Den Schumacher muss man wegkaufen, sonst kriegt man **bei Köln keinen rein.«**

(Udo Lattek)

»Wenn schon Fremd-blut, dann das von Uwe Seeler oder Franz Beckenbauer.«

(Kölns Vereinsarzt Dr. Günter Enderer zum Einsatz von Kälberblutspritzen beim FC Bayern München)

Ja-Wort im Mittelkreis
und jetzt Flitterwochen in Venedig

Daums Heiratspl...
EXPRESS schon fr...

THOMAS GASSMANN, ...S KRÜCKEN und ...RAUFFMANN

...rst gab es noch eine ...erklärung. „Ich liebe die... ...in jeglicher Form."

Frau Daum, Sie strahlen...
Angelica: Ja. (lacht) Endlich hat es geklappt.

„Wir wollen jetzt für uns sein. Nur wir beide. Der private, ganz intime Kreis war uns auch vorhin so was von wichtig."

Der »Kölner Express« titelt: »Daums Ja-Wort im Stadion«. Im Innenteil findet sich auf einer ganzen Seite »das große Hochzeits-Doppelinterview« mit Daum und seiner neuen Frau, das mit dem Traumpaar kurz vor dem Abflug nach Venedig geführt und mit strahlend schönen Fotos am Schalter des Flughafens aufwendig dokumentiert wurde. Daum sagt über seine Angelica: »Ich liebe diese Frau in jeglicher Form.« Und aus diesem Grund hat er sich für sie auch etwas ganz Besonderes einfallen lassen: eine Hochzeitszeremonie auf dem Rasen des Kölner RheinEnergie-Stadions! Um Punkt 15:30 Uhr geben sich die beiden am Anstoßpunkt im Stadion das Ja-Wort. Zum Mittelkreis sind beide übrigens einzeln von den gegenüberliegenden Toren aufgebrochen. Daum: »So hatte jeder Zeit, noch mal zu überlegen.« Der ausführende Standesbeamte Hartwig Reimann ist ganz ergriffen und kommt »aus dem Schwärmen nicht mehr heraus«: »Ich habe 1.000 Trauungen vorgenommen. Aber das war eine Märchenhochzeit. So nette Leute wie die Daums begegnen mir selten. Ich werde diese Hochzeit nie vergessen.«

Starschnitt
Hannes Löhr

»Das **A** und **O** beim Fußball bleibt das **Aah** und **Oh** auf den Rängen.«

Löhr, auch »De Nas« genannt, beendet nach 724 Spielen seine Karriere. In der abwechslungsreichen Laufbahn gab es für ihn nicht immer nur Sonnenschein. Krankheiten zeichneten seinen Weg: Tuberkulose, eine Lebererkrankung und eine schwere Blutvergiftung musste er überstehen. Doch Löhr klagt nicht, im Gegenteil: **»Ich war doch kein Pechvogel, sondern eher ein Glückspilz, weil ich alles so schnell überwand.«**

»Ich weiß gar nicht, warum ich mich so abrackere. Demnächst lasse ich mich erst fünf Minuten vor Schluss einwechseln.«
(Nachdem ihm kurz hintereinander zwei entscheidende Tore in den letzten Spielminuten gelungen waren)

Hannes Löhr spielte in seiner Freizeit auch gerne Tennis.

Beim Zusammentreffen des FC Bayern zu Hause gegen den 1. FC Köln am 16. Spieltag (1:2) der Saison 1973/74 zelebrieren **Hannes Löhr** und Bayern-Keeper **Sepp Maier** einen Showact, den sie schon lange einmal ausprobiert haben wollten. Abgemacht ist: **»Ich werde dir einmal während des Spiels den Ball hinwerfen und dann spielst du ihn mir zurück!«** So Maier zu Löhr. Wohlgemerkt: Der Münchner Torwart will vor seinem eigenen Kasten das Spielgerät zum Kölner Stürmer schmeißen – in der Hoffnung, dass dieser die Situation nicht ausnutzt und das Leder direkt zu ihm zurückpasst. Doch genau das tut Löhr nicht – wenigstens nicht sofort. **Sechs Meter vor dem Kasten will der Kölner erst noch Maier umkurven, bevor er ihm den Ball zurückspielt.** Doch da wird die Lage selbst dem ansonsten immer so lustigen Bayern-Torwart etwas zu unübersichtlich. **Wütend schnappt er seinem Freund das Leder vom Fuß und ballert die Kugel weit in die Kölner Hälfte.** Die Zuschauer sind dennoch sehr angetan von diesem inszenierten Spektakel.

»Ich bin ein Mensch, der gern die Gelegenheiten beim Schopf packt. Aber ich passe schon auf, dass ich plötzlich nicht nur **Perücken** in der Hand halte.«

(Christoph Daum)

»Heute wurde der Geißbock gemolken.«

(Bayerns Karl-Heinz Rummenigge, gar nicht nett, nach einem 8:0 im Pokal gegen Köln)

»Erstes Ziel ist es, die **größten Flaschen** zu verkaufen. Gibt es noch Pfand dafür – super. Gibt es nichts – auch gut.« *(Manager Karl-Heinz Thielen)*

»Profis sollten **alleine leben.** Sie betrügen ja doch nur Frau oder Freundin.«

(Feststellung von Bianca Illgner, der Gattin von Weltmeister Bodo)

»Nicht mehr als Spieler.«

(Manager Andreas Rettig auf die Frage, wie Legende Wolfgang Overath dem letztplatzierten 1. FC Köln denn helfen könne)

Ganz harmonisch: Bodo Illgner mit Ehefrau Bianca und Tochter Joline im Mai 1996

Yasuhiko Okudera

Ich kann nur meinen Namen lesen

Okudera kommt aus dem fernen Asien zum FC und spricht kein einziges Wort Deutsch. Doch seine Mitspieler sind fleißig bemüht, ihm ihre Sprache beizubringen: Sie erzählen dem Japaner einfach Witze und erklären hinterher haarklein und genau, warum Okudera jetzt lachen muss. Er ist total begeistert und nimmt sich vor, seinen Mitspielern als Nächstes einen Witz auf Japanisch zu erzählen. Da freut sich besonders sein erster Zimmerpartner beim FC, Hannes Löhr, schon sehr drauf. Über den sagt Okudera lächelnd: »Das ist ein lustiger Vogel!«

»Wir müssen uns von Atemzug zu Atemzug siegen – das fordert ungewöhnliche Beatmungsmaßnahmen.«

(Klaus Hartmann im Abstiegskampf 1993)

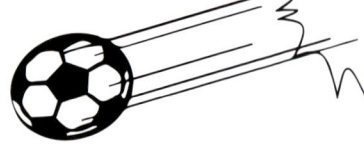

»Wir brauchen hier keinen Messias, weil zu jedem Messias immer auch ein Judas gehört.«

(Volker Finke zur schwierigen Lage beim 1. FC Köln)

»Zu Hause bei meiner Frau.«

(Markus Kreuz nach einer Niederlage auf die Frage, wo er denn nun seinen Frust rauslasse)

»Es war nass und er hat sich verlaufen.«

(Jörg Schmadtke nach einem Torwartfehler)

»Dass wir **heute verloren** haben, **ärgert mich** noch viel mehr, als dass ich **morgen Geburtstag** habe!«

(Jörg Berger)

Starschnitt
Erich Rutemöller

»Wenn ich nach einer Begegnung die Spieler einschätze, gibt es immer zwei Gruppen: die einen haben das Spiel **erlebt,** die anderen waren **nur dabei.**«

»Man kann einen Spieler ganz schnell zum Aufwachen zwingen, man muss ihn bloß auf die **Transferliste** setzen.«

»Mach et, Otze!«

(Ordenewitz hatte im Pokal-Halbfinale die zweite Gelbe Karte im laufenden Wettbewerb gesehen und wäre für das Finale gesperrt gewesen; nicht so aber bei einer Roten Karte, die er sich jetzt »holen« durfte)

»Beim Weg vom Training zum Punktspiel stelle ich immer wieder fest: Am schnellsten vergessen die Spieler jene Taten, die sie hätten tun müssen.«

Max Merkel meinte es boshaft und ironisch: Jeder Torwart hat einen Vogel. Toni Schumacher, der zuverlässige Kölner Keeper, besitzt sogar ein Prachtexemplar: Grau-Papagei Tobi kommt aus tiefstem Afrika und riskiert bei den Schumachers (unten) oft eine große Lippe.

Zu Toni ist Tobi ganz sanft. Er schnappt oft augenblicklich die Worte auf, die Toni sagt.

Für Startrainer Max Merkel ist es seit langem klar, daß alle Torhüter einen kleinen Vogel haben. Jedenfalls nach seiner eigenwilligen Version – und zudem kaum einen lebendigen. Kölns Torwart Harald "Toni" Schumacher (24) paßt bestimmt nicht in Merkels Küsche – und doch besitzt er den lustigen Vogel der...

Toni Schumacher

Anpfiff

Enthüllungen über den deutschen Fußball

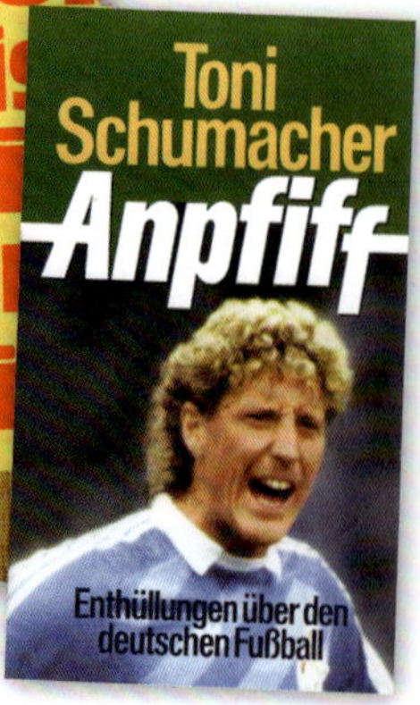

»Wir sind nun mal keine Eunuchen. Warum nicht käufliche Schöne einladen, die unter medizinischer Kontrolle stehen? Der eine nähm' sich eine Brünette, der andere steht auf Rothaarige. Man hätte die Gewissheit, dass die Mädchen ›clean‹ sind. Lieber organisierte ›Liebe‹ als zusehen, wie die Jungs in die nächstgelegene Stadt flüchten und sich in irgendeinem üblen Puff Tripper, Maul- und Klauenseuche holen.« *(Harald Schumacher in seinem Buch »Anpfiff«)*

»Wir dürfen uns nicht über das **Publikum** aufregen. Wenn wir so weiterspielen, **haben wir bald keines mehr.**«
(Albert Caspers, Präsident des 1. FC Köln, als Reaktion auf die Kritik von Trainer Ewald Lienen an den Kölner Zuschauern)

»Die Stimmung ist eigentlich wie vor dem Spiel. Mit dem kleinen Unterschied, dass wir aus dieser äußerst **großen Minimal- chance,** minimaler geht's gar nicht mehr, eine etwas **kleinere** gemacht haben, die **größer geworden** ist.«

(Peter Neururer)

Ende September 2013 spricht Manager Jörg Schmadtke ins FC-Mikrofon, lächelt dabei sanft und tritt behutsam und humorvoll auf die Euphoriebremse – in einer mantramäßigen Endlosschleife von 1:10 min. Länge:

»Lieber FC-Fan, ruhig, ganz ruhig bleiben … ruhig, ganz ruhig bleiben … ruhig, ganz ruhig bleiben!«

»Das Fußballspiel 1. FC Köln – FC Liverpool war eine Delikatesse. Dreimal so spannend wie ein Durbridge-Krimi.«

(Leserbrief in der »Hörzu« im Jahr 1964 von Klaus K. aus Berlin)

»Er hat mich an Frank Rost erinnert – **ohne Haare**.«

(Christian Eichner über seinen Trainer Ståle Solbakken)

»Suche Trainer. Biete Olsen.«
(Fan-Plakat 1994)

Im August 1986 durfte sich Morten Olsen noch vor dem Käfer eines FC-Fans fotografieren lassen.

Jimmy Hartwig berichtet in seinem Buch »Ich möcht' noch so viel tun …« über die Kindheitserinnerungen an einen anderen FC-Spieler: »**Dieter Müller** ist ein grandioses Beispiel für diese Sorte ›Freunde‹ […] Dieter lebte schon als Kind in einer anderen Welt, er trug bereits als Jugendlicher Maßanzüge so selbstverständlich wie andere Leute Feinrippunterhosen. Heute ist er pleite. Er verlor sein gesamtes Vermögen durch dubiose Bauprojekte, so dass seine Mutter ihn letztendlich vorsichtshalber enterbte und Sohnemann gezwungen war, einen Offenbarungseid zu leisten. Inzwischen habe ich Dieter Müller längst überholt. Wenn ich ihn manchmal noch treffe, sage ich zu ihm: ›Hey, Dieter, kannst du dich noch erinnern, wie du damals mit dem Mercedes abgeholt worden bist? Kannst du dich noch erinnern, wie ich mit dem Bus nach Hause fahren musste? Weißt du noch, wie sich dein Vater gerade ein einziges Mal überreden ließ, mich nach Hause zu bringen? Beziehungsweise in die Nähe, denn mich bis in die Kirchenallee zu fahren, dazu war er sich dann doch zu fein. Kannst du dich an diese

alten Geschichten noch erinnern?‹ Ich vergesse meine Herkunft nicht.«

Dieter Müllers neuer Torrekord

Seit Mittwoch steht er bei 6 Treffern

»Früher war ich ein großer Fan von **Mönchen-gladbach**. Doch da hatte ich noch **keine Ahnung vom Fußball**.«

(Marco Reich)

»Natürlich kann man in ein paar Nächten beim Roulett Millionär werden. Wenn man vorher Milliar-där war.«

(Frank Ordenewitz)

»Und dann knallt der uns mit seinem falschen Fuß dat Ding in den Giebel. Wenn der drübergegangen wäre, hätte er auf der Tribüne einen Mensch erschossen.«

(Heinz Simmet über Günter Netzers legendäres Siegtor im Pokalfinale der Gladbacher gegen den FC, nachdem Netzer sich selbst eingewechselt hatte)

»Ihr habt so schöne Trikots, ihr habt nur vergessen, dem Schiri eines zu geben.«

(Andrzej Rudy zum Gegenspieler)

Dem legendären Co-Trainer von Christoph Daum beim FC, **Roland Koch**, pries ein FC-Anhänger einmal einen neuen Spieler an. Der wäre »die Zukunft« des Vereins: »Aggressiv, unheimlich bissig, geht voll drauf und ist noch hungrig«. Koch zeigte sich sehr interessiert und freute sich sehr, als der Fan ihm gleich eine Videokassette überreichte. Zu Hause schmiss Koch gleich voller Neugierde den Videoapparat an und sah – einen noch nicht ganz ausgewachsenen **Geißbock**. Unheimlich bissig, lachte der FC-Co-Trainer und reichte die Kassette an die Geschäftsstelle weiter. Falls da mal Bedarf für einen Nachfolger von Hennes bestehen sollte.

»Manchen Trainerkollegen kann ich nur sagen: Hätten sie **was Gescheites gelernt,** dann müssten sie sich dem Stress nicht aussetzen.«
(Udo Lattek)

»Das wird alles von den Medien hochsterilisiert.«
(Bruno Labbadia)

»Filmt mich nicht von oben, dann sieht man meine Glatze.«
(Jürgen Kohler)

»Der Freistoß ist mir spontan eingefallen.«
(Dirk Lottner zu einem tollen Freistoß-Siegtreffer gegen Dortmund)

»Wer es wagen sollte, am Weiberdonnerstag rauszugehen, der braucht hier, solange ich Trainer bin, nicht mehr aufzulaufen.«
(Ewald Lienen zu seinen Spielern nach drei Niederlagen in Serie)

Manfred Manglitz wirbt für seine Club-Diskothek »Ex« in Köln.

Torhüter Manfred Manglitz kennt trotz der Geiselnahme durch Terroristen kein Erbarmen mit Canellas – sondern sieht nur sich, das arme Opfer Manglitz: »Wissen Sie, als der Canellas aus Offenbach in der Maschine saß, die nach Mogadischu entführt wurde, da habe ich gedacht: Ich bin ja kein gläubiger Mensch, aber wenn es wirklich einen lieben Herrgott gibt, dann kennt der Gerechtigkeit. So, wie mich dieser Canellas damals hereingelegt hat …!«

Wolfgang Overath schüttelt über seinen Trainer Cajkovski grinsend den Kopf:
»Mit dem kannst du sogar in der Kirche nur über Fußball reden.«

»Es geht nur gegen den Klassenerhalt.«
(Dirk Lottner über die Saisonziele)

Starschnitt
Dieter Müller

Dieter Müller stellt am 17. August 1977 einen neuen Tor-Rekord für die Ewigkeit auf. Beim 7:2 gegen Bremen erzielt der FC-Stürmer **sechs Tore**. Und das ausgerechnet im Duell mit seinem knüppelharten und sonst so souveränen Gegenspieler **Horst-Dieter Höttges**. Werder-Trainer **Hans Tilkowski** fragt während des laufenden Spiels ständig und erstaunt seine Nebenleute: **»Wo saust denn nur der Höttges rum?«**

Weisweiler ist wahrhaft ein echter Trainerfuchs. Als sein Stürmer Dieter Müller eine kleine Schwächephase durchlebt, hat er einen Plan. In Köln bittet der FC-Coach einen Journalisten höflich darum, zu schreiben, dass er in Essen auf der Tribüne gesehen worden sei. Der Journalist schaut Weisweiler irritiert an und kratzt sich verwundert am Kopf. Da lächelt der Kölner Trainer den Medienvertreter spitzbübisch an und erklärt: **»Wenn das der Dieter Müller liest, denkt er an den Horst Hrubesch und läuft wieder ein paar Schritte schneller!«**

Dieter Müller im Jahr 1976

Dieter Müller sorgt in der Liga für Furore. Er schießt Tor um Tor. Natürlich, **ist ja auch ein Müller,** sagt man sich in der Bundesliga. Aber das stimmt nicht so ganz, denn Dieter

Dieter Müller nach seiner Hochzeit im Mai 1980

Müller hieß noch bis zu seinem 18. Lebensjahr **Dieter Kaster.** Dann nahm er den Namen seines Stiefvaters an und ballerte fortan als Müller die Bälle in den Kasten.

Tschik Cajkovski schimpft über den FC-Stürmer: »Da habe ich ihm die ganze Woche beizubringen versucht, wie er gegen Höttges spielen soll, und trotzdem machte er beinahe alles falsch. Als ich ihm in der Pause deshalb Vorhaltungen machte, war er so fertig, dass er seinen Namen nicht mehr kannte.«

Ausgerechnet gegen seinen Ex-Klub gelingt dem Neu-Stuttgarter Dieter Müller nach über 500 Minuten endlich wieder ein Treffer. Vorher hat sein ehemaliger Mitspieler **Gerd Strack** noch getönt: »**Wenn der Müller gegen uns ein Tor macht, dann kaufe ich mir einen Strick!**« Gott sei Dank belässt es Strack bei seiner verbalen Unbeherrschtheit und hängt den Strick anschließend nicht tatsächlich unter die Decke!

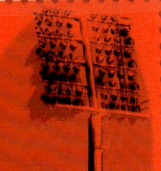

»Das hätte in der Türkei passieren dürfen, aber nicht in der **zivilisierten** Welt.«
(Toni Schumacher zum Flutlichtausfall während seines Abschiedsspiels in Köln)

»Wenn ich auf dem Platz stehe, könnte mich sogar meine Frau verlassen.«
(Peter Neururer)

»Andere erziehen ihre Kinder **zweisprachig**, ich **beidfüßig**.«
(Christoph Daum)

»Wir werden unseren Trainer nicht scheibchenweise enteiern.«
(Andreas Rettig über die Trainerdiskussion, als der FC das Tabellenschlusslicht der Bundesliga war)

»Auch mit dabei: Max Kruse. Und jetzt stellen Sie sich mal vor: Am Freitag pokern wir, und am Samstag spielt Gladbach gegen den 1. FC Köln. Deswegen werden wir am Freitag sehr, sehr lange pokern.«
(FC-Fan Stefan Raab möchte Kruse müde spielen.)

»Wenn hier nicht bald was geschieht, passiert was!«
(Manager Karl-Heinz Thielen)

K-HT 4

Karl-Heinz Thielen im Juli 1964 noch als Spieler mit seinem Porsche

»Der 1. FC Köln muss ein verrückter Verein sein, sonst hätten sie **nicht noch einmal einen Schweizer** genommen.«

(Hanspeter Latour; mit seinem Landsmann Marcel Koller war der FC 2004 in die zweite Liga abgestiegen)

»Kölns Trainer Hennes Weisweiler zeigt in den Katakomben des Olympiastadions das zufriedene Gesicht eines **satten Katers**.« *(»kicker«)*

»Ehrlich gesagt: Ich habe keine Ahnung. Ich habe mir sogar mal ein paar Videos aus der Zeit angeschaut. Wie man da besonderes Talent entdecken konnte, bleibt mir schleierhaft.«

(Marcel Risse darüber, wie er im Alter von sechs Jahren beim TuS Höhenhaus entdeckt wurde. Nur leider von Bayer Leverkusen)

»Die Kicker sind ihm derart ans Herz gewachsen, dass der Trainer von den Herren Pierre Littbarski, Frank Ordenewitz und Maurice Banach spricht wie ein Hobbyzüchter über seine besten Stallhasen: ›Der Litti, der Otze und der Mucki‹.«

(Der »Spiegel« über Erich Rutemöller)

»Frederik Sörensen kriegt von mir ein beheizbares Kissen für die Bank, damit er es dort bequem hat. Und für mich kaufe ich direkt eins mit.«

(Miloš Jojić)

Autogrammkarte zur Saison 2016/17

Bis jetzt habe ich keinen gesehen, aber ich bin auch noch nicht lange zu Hause.

(Jörg Schmadtke weiß nach dem Winterurlaub von keinen Neuzugängen.)

»*Ich kann Locken nicht leiden.*«

(Carsten Jancker über seinen kahlen Kopf)

61

Udo Lattek hört endgültig auf, da ist er sich ganz sicher. Nach einem 1:1 gegen die Bayern am siebten Spieltag räumt er freiwillig die Bank des 1. FC Köln. Er ist müde, ausgelaugt und merkt, dass er den Job nicht mehr richtig ausüben kann: **»Ich habe keine Lust mehr, den Affen zu machen. Wenn ich Trainer bin, muss ich mit den Spielern leben, leiden, schwitzen. Aber es interessiert mich nicht mehr, ob der mit rechts oder links flankt.«**

»Dieser Plastikklub macht die Preise kaputt!«

(Kölns Trainer Christoph Daum regt sich über Bayer Leverkusen auf.)

»Ich sage nichts, ich darf doch nicht gegenüber meinem Präsidenten recht haben.«

(Gyula Lorant, als er einen Torwart spielen ließ, der dem Präsidenten gar nicht gefiel)

Herbert Neumann stilisiert sich als der etwas andere, der nachdenkliche Profi. Er liest nicht Konsalik oder Simmel, sondern den intellektuellen Schriftsteller Gabriel García Márquez. Und auch bei der Musik ist er wählerisch: Deutschsprachige Interpreten sind nicht unbedingt sein Fall – wenn, dann noch am ehesten Marius Müller-Westernhagen oder **BAP.** Auf gar keinen Fall jedoch **Peter Maffay,** den viele seiner Kollegen – wie Toni Schumacher – verehren. Neumann nennt den Barden »**Frisösentröster**«!

Aufsteiger 2000: Ewald Lienen singt mit Wolfgang Niedecken von BAP.

Über seinen Trainerkollegen **Hennes Weisweiler** sagt Merkel: »Das ist einer wie **Dschingis Khan** – der kann **raufen, saufen und Kinder zeugen**.«

»Dann geht wenigstens alles in einem Aufwasch!«

(Kölns Torwart Toni Schumacher nimmt seine Doppelverletzung aus Fingerbruch und einem Meniskusschaden, der operativ entfernt werden muss, von der praktischen Seite.)

»Soll ich den Spielern etwa **auf die Fresse hauen,** damit die Spannung erhalten bleibt?«
(Ewald Lienen)

Starschnitt ....
Wolfgang Overath

»Wir wollen uns nicht mehr über Spielberichte ärgern, nicht mehr die Wochenenden versauen!«
(Mit diesen Worten begründete Wolfgang Overath seinen Rücktritt als Präsident des 1. FC Köln.)

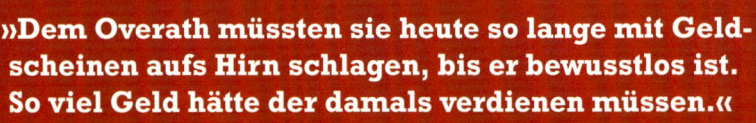

»Ich kann mir nichts Schlimmeres vorstellen als schreiende Fußball-bräute auf den Tribünen. Gottlob ist meine Frau genau das Gegenteil. Sie hat wirklich keine Ahnung von Fußball.«

»Dem Overath müssten sie heute so lange mit Geldscheinen aufs Hirn schlagen, bis er bewusstlos ist. So viel Geld hätte der damals verdienen müssen.«
(Buffy Ettmayer, Spieler vom VfB Stuttgart)

»Man muss cool sein, wenn's in Richtung Tor geht. Ein Herz, das schnell den Hals hochhüpft, rutscht nämlich noch fixer in die Hosen.«

»Wolfgang Overath würde sich in der Bundesliga immer noch wohltuend hervorheben, wenn Fußball nicht **mit Laufen verbunden** wäre.«

(Hans Meyer in Anspielung auf den lauffaulen Toni Polster)

»Bei zwei Weltmeisterschaften haben wir das Zimmer geteilt. Wir haben zusammen länger das Bett geteilt als mit unseren Ehefrauen – es ist aber nichts passiert.«

(Franz Beckenbauer)

Wolfgang Overath mit seiner Frau Karin als Karnevalsprinz von Siegburg (1985)

Als Fußballprofi geht die Zeit des Wolfgang Overath in Köln langsam dem Ende entgegen. Doch schon locken neue Welten. Der britische Sender BBC möchte Overath unbedingt als Sprachlehrer verpflichten. Auch sein deutlich vernehmbarer Kölsch-Einschlag ist kein Hinderungsgrund, wie Produzent Rodney Mantle spitzfindig erläutert: »Das ist schließlich schon ein Kurs für Fortgeschrittene.«

Welcher Sportler kann schon auf eine Straße verweisen, die nach ihm benannt wurde? Bei Wolfgang Overath machte es die Weltmeisterschaft möglich: die Hauptstraße zum Kölner Tivoli wurde jetzt nach ihm umbenannt. Overath war darüber sichtlich

Harald Schumacher (1. FC Köln)
Torhüter; geb. 6. 3. 1954; spielte früher bei Schwarz-Weiß Düren

»Ich stand mit **Kreuz-bandrissen** und selbst mit **Nierenbluten** im Tor.«

(Toni Schumacher)

»Ich mache mir keine Sorgen. Warum soll ich mir die machen? **Ich habe doch schon genug.**«

(Wolfgang Rolff)

»Man muss nicht immer die absolute Mehrheit hinter sich haben, **manchmal reichen auch 51 Prozent.**«

(Christoph Daum)

»Um Gottes willen! Ich habe mal einen Spieler gehabt, einen Kapitän, der war so was von dumm, der war dumm wie ... dumm wie ... (Einwurf des Interviewpartners: »Brot?«) Ach, der hatte einen IQ, der so einzuordnen war wie die Temperaturen, die wir im Moment draußen haben, der war fast schon debil. Aber ein ü-ber-ra-gen-der Fußballer! Dem musste ich nichts erklären, der hat alles immer richtig gemacht. Intuitiv. Seine Fußballintelligenz war sensationell. Aber vom normalen Intellekt: katastrophal. Der hat gehupt, wenn er gegen einen Baum gefahren ist.«

(Peter Neururer auf die Frage, ob der Intellektuellste in der Mannschaft stets Kapitän sein solle)

»Wenn du heute in die Fußgängerzone gehst, musst du aufpassen, dass nicht **jeder Dritte** dich anspricht und **dir einen Spieler andrehen** will.« *(Ewald Lienen)*

»Es ist nicht immer alles wahr, was stimmt.«

(Stefan Wessels)

Stefan Wessels im Jack-Wolfskin-Katalog

»Von meiner Mutter – direkt nach meiner Geburt.«

(Christian Timm über seinen ersten Kuss)

»Ich bin wohl der Einzige, der sich über den Euro freut: Jetzt bin ich nur noch der **3-Millionen-Euro-Fehleinkauf**!«

(Marco Reich)

»Ob der Trainer John oder Hans Wurst heißt, ist scheißegal. Wir brauchen wohl einen, der auch noch die Tore schießt.«

(Dirk Lottner nach dem einsamen Rekord des 1. FC Köln von 599 Minuten ohne Bundesligator)

Starschnitt
Udo Lattek

»Ich trinke Jägermeister, weil die Stimmen immer lauter werden, die eine eigene Nationalelf Bayerns fordern.«

Jägermeister. Einer für alle.

»Ich habe alle gekriegt, die ich wollte. Nur bei meiner Frau: Da war ich es, der **eingekauft** wurde.«

»Die großen Trainer haben schließlich alle gesoffen: **Weisweiler, Happel, Zebec. Und ich gehöre ja auch zu den Großen.**«

»Ich gehe in kein Casino, **meine Spielhölle ist der Fußballplatz,** da bin ich voll ausgelastet.«

»Es gibt Stunden, wo einem absolut nichts einfällt, aber es gibt Jahre, wo einem noch weit weniger einfällt.«

Die ganze Bundesliga lacht über Udo Lattek

Der Versager

● Er stürzte Köln ins Chaos
● 720 000 DM fürs Nichtstun
● Große Sprüche, keine Ideen

Bild am Sonntag

1:0 **Bayern mischt wieder oben mit**

28 Seiten Auto-Journal

TV-Ansagerin Andrea – erstes Baby mit 36

Fernseh-Krieg! ZDF und RTL pokern immer höher

20 Millionen für Otto

»Ich bin kein Bürositzer, das ist nicht meine Welt. Als Sportdirektor in Köln habe ich dagesessen, Kaffee getrunken, telefoniert, Zeitung gelesen. Und draußen trainierten die Jungs an der frischen Luft. Da kannst du sie loben oder in den Arsch treten – aber es ist in jedem Falle Leben drin.«

»*Man muss den Fuß auf die Beine stellen.*« (Udo Lattek)

»Wir haben vieles richtig gemacht. Dann kam er, machte was falsch und wollte auch noch als Original bestaunt werden.«

(Maurice Banach über Udo Lattek)

»Jupp Heynckes weiß genau, wer raucht, und **zählt deine Bierchen.** Das war bei **Udo Lattek** anders. Der hat selbst **am meisten gesoffen.**«

(Klaus Augenthaler)

»Zu einem Mann, der wochenlang denselben Pullover trägt und schließlich sogar selbst daran glaubt, dass er mit diesem Schwachsinn Spiele gewinnen kann, fällt mir sowieso nichts mehr ein.«

(Karlheinz Feldkamp)

Sensation nach dem Kölner 2:2

Lattek wirft hin, wird Reporter

1:3 HSV stürmte, nur Kaltz traf

»Lattek ist eine Stimmungskanone. Durch die Bank mit Schwatzpulver geladen.« (»BILD«)

»Die Verteidiger packen einen immer härter an. Sie attackieren den Körper und das meistens sehr, sehr südlich.« *(Bruno Labbadia)*

»Das ist absolut **sekundär**, ja **tertiär**, oder sogar **quartiär**!« *(Christoph John, Trainer bei den Amateuren)*

»Gestern hat's geregnet und heute schien die Sonne – da muss sich der Körper erst mal darauf einstellen!« *(Jürgen Kohlers Erklärungsversuch für eine schwache Anfangsphase)*

»Carsten Jancker, ein Kerl wie ein Baum. Wenngleich er wenig Blätter auf dem Kopf hat.« *(Holger Pfandt, Kommentator)*

Beim FC ist man in der Saison 1976/77 schon nach dem fünften Spieltag und 10:0 Punkten selig. Mannschaftsbetreuer Hoffmann fasst die Stimmung in einem Satz zusammen: »Dem Cruyff schicken wir Weihnachten einen großen Frühstückskorb nach Barcelona – zum Dank, dass er uns den Hennes beschert hat!« Hennes heißt mit Nachnamen Weisweiler und ist nach nur einem Jahr in Spanien in die Bundesliga zurückgekehrt. Beim 1. FC Köln ist man ob der Ankunft des ehemaligen Gladbacher Meis-

tertrainers und des sensationellen Starts euphorisch. Am Ende reicht es jedoch nur für einen guten fünften Platz.

Frage an Toni Polster: »Wohin würdest du mit einer Zeitmaschine reisen?« **»Ich würde zurück ins Paradies, den guten alten Adam weggrätschen, Eva den Apfel aus der Hand reißen und so allen Menschen das Paradies öffnen.«**

»Den Arie Haan machen wir rund wie einen Käse und rollen ihn dann nach Holland zurück.«

(Christoph Daum)

»Was haben sich die Leute dafür zu interessieren, dass mein Lieblingsschriftsteller der Max Frisch ist, dass ich Bertolt Brecht sehr schätze, dass ich Tucholsky als sehr lehrreich empfinde? Soll ich mir einen intellektuellen Touch geben? Brauch' ich den? Wen interessiert es denn, dass ich derzeit anfange, junge, unbekannte Maler zu kaufen? Wer muss wissen, wie viel ich mit meinen Kindern bastle?«

(Christoph Daum)

Trainer Peter Neururer wird vom Geißbock Hennes VII. und dessen Pfleger Wilhelm Schäfer begrüßt.

»Kreuzer hätte mir um ein Haar die Hoden abgetreten.«

(Wolfgang Rolff über einen robusten Zweikampf mit Oliver Kreuzer)

»Wir haben Schalke die Tore geschenkt. Da spielen wir hinten 3 gegen 1 und jeder wünscht dem anderen viel Glück.«

(Peter Neururer)

»Der **Ewald Lienen** saß früher auf der Trainerbank mit Bleistift, Block und einem **Gesicht wie bei einer Vollbremsung.«** *(Max Merkel)*

Heinz Hornig (28)
1. FC Köln
7 Länderspiele

FUSSBALL-WELTMEISTERSCHAFT ENGLAND 1966

immer eine helle Freude
HAAKE-BECK
das gute Bier

Starschnitt
Jimmy Hartwig

»Die Leute sind doch nur sauer, dass sie erst nach Mallorca oder Teneriffa düsen müssen, um braun zu werden, während ich so herrlich braungebrannt durch mein ganzes Leben gehen kann.«

(Jimmy Hartwig)

Jimmy Hartwig war schon immer ein Mensch der Show – lange bevor er ins Dschungelcamp ging. In seinem Buch »Ich möcht' noch so viel tun ...« lässt er auch er **delikate Details aus seiner Jugend** nicht aus: »Als ich in die Pubertät kam und selbst anfing, meinen Körper zu erkunden, wurde es besonders schwierig. Wenn einmal alle, Mutter, Oma, Opa, Onkel Werner und Onkel Karl-Heinz, aus dem Haus waren, onanierte ich unter der Bettdecke, und nicht selten musste ich aufhören, wenn es am schönsten war. Weil ich hörte, wie sich ein Schlüssel in der Haustür drehte. Gelang es mir nicht, rechtzeitig abzustoppen, gab es großes Geschrei: ›Ihhgitt, du aal' Sau, bäh, des is' ja eegelhaft, des mescht man net! Des mescht ja Flegge‹, schrie meine Mutter angewidert. Und batsch, polierte sie mir die Glatze, wie man bei uns sagte.«

Jimmy Hartwig

73

Starschnitt ·················
Toni Polster

»**Ein Denkmal will ich nicht sein,
darauf scheißen ja nur die Tauben.**«
(Auf die Frage, ob er schon ein Denkmal sei)

»**Ein Toni Polster ist
noch nie abgestiegen.**«

»**Mein Teamkollege Horst Heldt hat mich jeden Tag
umarmt und gesagt: ›Lass uns jede Stunde genießen.‹
Diesem Treiben musste ich ein Ende setzen.**«
(Auf die Frage, warum er seinen Vertrag in Köln verlängert habe)

»Niki Laudas Zahnarzt.«
(Auf die Frage, wen er gerne kennenlernen würde)

»**Warum habt ihr bloß nicht so
gespielt, als ich noch da war?**«
*(Nachdem er zu Borussia Mönchengladbach
wechselte und bei einem Kölner 6:1-Sieg gegen
den 1. FC Nürnberg auf der Tribüne saß)*

»Laufen, Toni, laufen.«

(Fans des
1. FC Köln)

»Wenn du schon nicht gewinnen kannst, musst du wenigstens sehen, dass du nicht verlierst.«

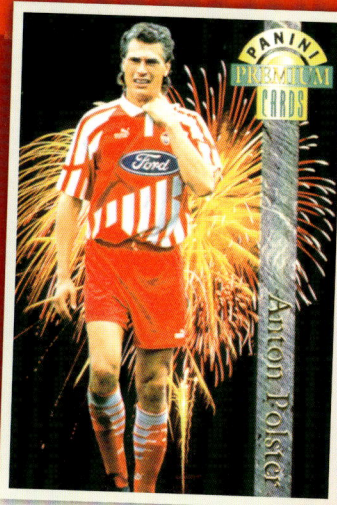

»Ich kann nicht mehr als schießen. Außerdem standen da 40 Leute auf der Linie.«

(Über eine vergebene Torchance)

»Es gibt Leute, die denken so, und es gibt Leute, die denken so. Das ist immer so, wenn viele Leute zusammenkommen.«

»In Köln haben sie vier Tage lang die Geschäftsstelle abgeschlossen und jede halbe Stunde eine Flasche Sekt entkorkt, als sie den Toni Polster für 1,8 Millionen Mark nach Gladbach verkauft hatten.«

(Hans Meyer)

»Das ist schon toll, dass ich das mit meinen 35 Jahren noch erleben darf.«

(Zum wütenden Pfeifkonzert wegen seiner Auswechselung)

»Christoph Daum ernährt sich fast ausschließlich von **Makkaroni** – weil er so beim Essen ungestört **durch die Löcher weiterreden** kann.« *(Max Merkel)*

»Im Fußball werden Entscheidungen eben **aus dem Bauch** heraus gefällt. Vielleicht liegt es ja daran, dass so viel **in die Hose** geht.«
(Der »Kölner Stadt-Anzeiger« über missglückte Transfers des FC)

»Ich denke zu viel nach, obwohl ich ein Instinktfußballer bin.«
(Uwe Fuchs)

»**Man muss auch mal aus zwei Chancen drei Tore machen können.**«
(Carsten Jancker)

»Bin ich jetzt die **Claudia Schiffer für Arme,** oder was?!«
(Peter Neururer bei einem Fototermin)

In Köln ist die Welt rosarot. Und zwei Männer lieben sich heiß und innig. **Udo Lattek** über sein Verhältnis zu **Christoph Daum**: »Wir sind wie zwei Brüder, ein Paar wie **Frank Sinatra und Dean Martin.** Die ersten zwei, drei Wochen waren wir in den Flitterwochen. In dieser Zeit war Christoph Daum noch **argwöhnisch, wenn ich beim Training zuguckte.**«

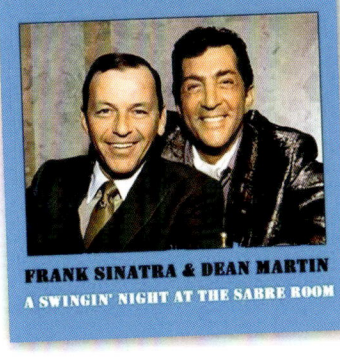

FRANK SINATRA & DEAN MARTIN
A SWINGIN' NIGHT AT THE SABRE ROOM

»So Gott oder der Vorstand es will, werden wir uns in zwei Tagen wiedersehen.«
(Ewald Lienen)

»Wir sind doch als Fußballer in erster Linie **Künstler**, die mehr vom **Applaus** leben als vom **Geld**.« *(Pierre Littbarski)*

Kölner Import aus Brasilien: José Zézé

Beim 1. FC Köln spielt ab 1964 erstmals ein Brasilianer in der Bundesliga. **José Gilson Rodriguez,** genannt Zézé (eine Verniedlichung des Namens Josef), wechselt für eine Ablöse von 60.000 Mark von Madureiras Rio de Janeiro zum FC, ohne dass ihn je ein Kölner Offizieller hat spielen sehen. Bei einer Europareise zwei Jahre zuvor soll Zézé aber 18 der insgesamt 22 Tore seines Vereins geschossen haben. Er ist 1,73 m groß, wiegt 64 Kilo und ist bei seiner Ankunft 21 Jahre jung. Sein Markenzeichen: eine goldene Kette auf der braungebrannten, üppig behaarten Brust. Optisch ein Volltreffer, langt es spielerisch allerdings nur zu fünf Einsätzen.

»Das war heute eine Mannschaft, die hatte eine Blutgruppe. Und diese Blutgruppe lautete Sieg.«

(Kölns Trainer Christoph Daum)

Tanja aus Ellwangen zu Pierre Littbarski: »Was sagst du beim Friseur, um diese starke Frisur zu bekommen?« Antwort: »Ich sag' zum Friseur, **mach die Augen zu und schneid' drauflos.«**

Ich bin für jeden Spaß zu haben

Doping bei Schumacher: »Herbst 1984 in Köln. Der Vorstand sprach, wieder einmal, von einem ›Schicksalsspiel‹. Wieder einmal ging es, angeblich, um das Überleben des Vereins. Einige Kölner Mitspieler probierten dieses Zeug aus – querbeet und wahllos schluckten wir Hustensäfte, die die höchsten Dosen an Ephedrin enthalten. Die saftgestärkten Kollegen flitzten wie die Teufel über den Rasen. Wir haben gewonnen. Aber in welchem Zustand. Nach tagelanger, qualvoller Erschöpfung beschlossen wir: nie wieder! (…) Meine Kölner Freunde und ich sind aber absolut nicht die Einzigen, die der Dopingversuchung nicht widerstehen konnten. In der Bundesliga hat Doping seit langem Tradition. (…) Es gab Nationalspieler, die waren im Umgang mit der ›Stärkungschemie‹ regelrecht Weltmeister. Unter ihnen ein Münchener Spieler, den wir als ›wandelnde Apotheke‹ zu bezeichnen pflegten.«

Peter Neururer macht vor Publizistik-Studenten einen Scherz: »Sie wissen: Rauchen ist schädlich, das Kapillarsystem verengt sich. Aber ich trinke abends ein paar Bierchen, um die Äderchen wieder zu erweitern. So bleibt mein Gefäßsystem elastisch.«

»Jeder Wetterbericht ist interessanter als ein Interview mit Heynckes.«

(Christoph Daum)

Hennes Weisweiler plädiert dafür, die Schiedsrichter finanziell besser auszustatten: »Ich würde ihnen 500 Mark pro Spiel geben. Pfeift einer nur zweimal im Monat, wären das schon 1.000 Mark. Dann würde seine Frau auch weniger gegen dieses Hobby einwenden, weil für sie auch mal ein neues Kleidchen abfiele.«

»Im Training kenne ich kein Pardon. Die hauen mir die Bälle ja auch rücksichtslos aus nächster Entfernung auf den Kasten. Da gibt es eben mal eine rote Nase!«

(Toni Schumacher)

Europameisterschaft 1980: Toni Schumacher zeigt seine Muskeln.

»Polster raucht Kette und beim FC ist Feuer unterm Dach!«

(Schlagzeile in einer Kölner Tageszeitung)

»Wenn Sie zu dem Koch in die Küche gehen, meinen Sie, er würde Ihnen seine Rezepte auf die Nase binden?«

(Kölns Trainer Rinus Michels auf die Frage nach seiner Taktik)

»Ich hab mit dem Miro ein ganz normales Super-Verhältnis.«

(Lukas Podolski mag Miro Klose wohl ganz gern leiden.)

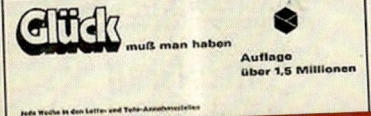

Starschnitt ·············
Hennes Weisweiler

»**Gibt sich einer zu bunt, wird er gar zu früh grau.**«

»Eine Mannschaft braucht drei Jahre, um zu wachsen, spielt drei Jahre stark und zerfällt in den folgenden zwei Jahren.«

»Das Leben ist ja manchmal komisch. Ich habe schon **Bekannte** auf der Straße nicht gegrüßt, weil ich sie nicht erkannte; dafür grüßte ich **Unbekannte**, von denen ich annahm, ich müsse sie kennen. Ich hoffe nur, die Leute **tauschen sich untereinander mal aus**.«

»**Ein vollkommenes Fragment** – das ist das Größte, was ein Trainer aus einer Mannschaft machen kann.«

»Zeige mir einen **zufriedenen Zweiten**, und ich zeige dir den **ewigen Verlierer**.«

»Manchem Journalisten möchte man mitunter zwar für **seine Erscheinung**, nicht aber unbedingt für **sein Erscheinen** danken.«

Sportpressefest 1978:
Zwar heirateten Trainer Hennes Weisweiler und
die Leichtathletin Heide Rosendahl nicht, gemeinsam sägen durften sie trotzdem.

»Wir dürfen es im Fußball nicht so weit kommen lassen, dass die **Praktiker aussterben**. Mit einer Eins in Mathematik und einer weiteren Eins in Chemie, aber **mit einer Fünf in Sport kann niemand Sportler ausbilden**.«

»Rückgrat haben ist eine Gesamtheit. Einzelne Wirbel nützen gar nichts.«

»Ein plötzlicher Umschlag des Wetters bedingt oft einen Wechsel in den taktischen Plänen.«

»Der beherrscht zwar bestimmt die deutsche Sprache, aber ich bin der **bessere Taktiker**. Auch wenn ich Training mit ›e‹ schreibe.«
(Gyula Lorant)

83

»Ich werde jetzt ruhiger, weil ich gemerkt habe, wie klein der Schritt ist vom **Messias** zum **Spruchbeutel**.« *(Christoph Daum)*

»Wir waren alle vorher überzeugt davon, dass wir das Spiel gewinnen. So war auch das Auftreten meiner Mannschaft – zumindest in den ersten zweieinhalb Minuten.«

(Peter Neururer)

»Viererkette, Dreierkette, es gibt auch noch Perlenketten … Ich sage, man soll immer das spielen, was man kann.«

(Jörg Berger)

»Die Situation ist bedrohlich, aber nicht bedenklich.«
(Friedhelm Funkel)

»Hinterher müssen meine Spieler auf dem OP-Tisch liegen und nach einem Luftröhrenschnitt röcheln.«

(Erich Rutemöller)

Trainer Peter Neururer reagiert allergisch, wenn er damit konfrontiert wird, dass frühere Profis die besseren Fußballlehrer seien: »Das ist doch der größte Humbug aller Zeiten. **Ich muss doch auch kein Schwein gewesen sein, um zu wissen, wie ein Kotelett schmeckt!**«

Bunte Bundesliga: Eine besondere Attraktion wird den 12.000 Zuschauern beim Spiel Bayer Uerdingen gegen den 1. FC Köln geboten. Ein Elefant aus dem nahegelegenen Zoo tritt zum Elfmeterschießen gegen die Ersatzkeeper Dotzler und Ehrmann an. Leider trifft das Rüsseltier kein einziges Mal ins Tor.

Michael Kostner leidet nicht an zu wenig Selbstbewusstsein: **»Die Liste meiner Stärken ist länger als eine Klopapierrolle.«**

Starschnitt
Helmut Rahn

»Ich will sagen, dass ich **nicht überhaupt kein Bier** mehr trinke oder nur noch **Buttermilch**!«

(Helmut Rahn)

»Ich weiß heute ganz genau, dass ich älter geworden bin als wie vor zehn Jahren!«

Nach dem WM-Gewinn 1954 soll es Helmut Rahn in seiner Heimatstadt Essen ordentlich krachen lassen haben. In einer **Schubkarre liegend** soll er durchs Rotlichtviertel gefahren sein. Um den Hals hängt dem Torschützen des entscheidenden Finaltores ein Pappschild, auf dem steht: **»Wer will ein Kind vom Weltmeister?«**

Später am Abend soll Rahn in einem Tanzlokal die hübschesten Mädchen zärtlich übers Parkett geführt, sanft auf die Wange geküsst und ihnen dann liebevoll ins Ohr gesäuselt haben: **»Haben Sie, verehrte Dame, schon einmal mit einem Weltmeister gebumst?«**

Beinahe wäre Weltmeister Helmut Rahn **Deutscher Meister** mit dem FC geworden, doch im Endspiel 1960 unterliegt man dem HSV mit 2:3. Diszipliniert ist Rahn zu diesem Zeitpunkt leider auch beim FC nicht immer. Bereits vor seinem Engagement bei den Geißböcken war der Essener Jung betrunken und mit überhöhter Geschwindigkeit in eine Baustelle gebrettert. Anschließend musste er ins Gefängnis. Mitte der 1960er Jahre muss Rahn einmal im Haus seines Trainers **Rudi Gutendorf** etwas zu lange warten und vertreibt sich dabei äußerst kostspielig die Zeit. Denn als sich der Gastgeber auch nach über einer halben Stunde nicht blicken ließ, soll der schon vorher nicht vollkommen nüchterne Rahn, um des lieben Pegels wegen, angefangen haben, Gutendorfs **feinste Tropfen** aus dem Weinkeller zu leeren. Erst einen Domtaler Eiswein aus dem Jahr 1949 und dann, als der Trainer immer noch keine Anstalten machte, seinen Besuch zu empfangen, öffnete der »Boss« auch noch eine edle Flasche der Trockenbeerenauslese »Bornkasteler Doctor«. Als Gutendorf schließlich doch noch kommt, blickt er zuerst entsetzt auf die leeren Weinflaschen und dann in die glasigen Augen seines sichtlich angeschickerten Stürmers. Ob Helmut Rahn in dieser Nacht noch mit dem Auto nach Hause fuhr, ist nicht überliefert. Beim FC jedenfalls sind sie trotz 18 Toren in 38 Pflichtspielen schnell seine Verfehlungen leid.

UWE
BEIN

1. FC KÖLN

»Der macht nicht mal beim Essen den Mund auf.«

(Franz Beckenbauer über Uwe Bein)

Bei meinem ehemaligen Arbeitgeber lief es nicht so rund. Denen musste ich zwei Mahnungen schicken. Das tut schon weh.

(Leonardo Bittencourt im FC-Rückblickvideo über seinen Doppelpack gegen Hannover 96)

»Der Mut ist die Hoffnung des Gedankens.« *(Jimmy Hartwig)*

Trainer **Tschik Cajkovski** ist ehrgeizig und einzigartig. **Franz Beckenbauer** erzählt mit einem breiten Grinsen im Gesicht: »Beim abschließenden Trainingsspiel hörte er nie auf, bis die Mannschaft, in der er mitwirkte, gewonnen hat: ›Bis in Nacht, spielen auf Sieg!‹«

Auch **Wolfgang Overath** kann von den täglichen Übungseinheiten eine Geschichte erzählen: »Der Tschik liebte es, vor oder nach dem Training Weltauswahlen zusammenzustellen. Je nach Tagesform der verschiedenen Kandidaten wechselten dann die Namen. Nur die Position des rechten Läufers war immer fest vergeben – Tschik Cajkovski natürlich.«

Der ehemalige FC-Spieler **Herbert Neumann** fordert in der Saison 1992/93 in einem Interview entschlossen: »Es muss ein **Stadionverbot auf Lebenszeit** für all diejenigen geben, die in den letzten zehn Jahren den FC in diese Lage gebracht haben.«

Ankündigungsplakat des 1. FC Köln:
»DDR-Flüchtlinge haben freien Eintritt!«
Darunter handschriftlich:
»Haben die nicht schon genug gelitten?«

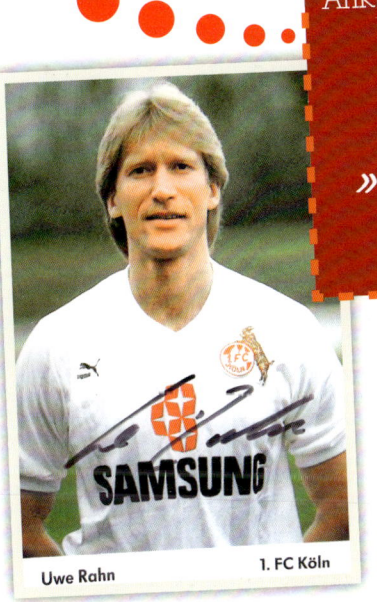

Uwe Rahn — 1. FC Köln

Kölns Neuzugang **Uwe Rahn** ist ganz begeistert von der **lockeren Stimmung** beim FC, das kannte er aus seiner Zeit bei **Borussia Mönchengladbach** überhaupt nicht. Der Tag beginnt bereits mit **entspannten Klängen** aus riesigen Lautsprecherboxen. Rahn ist richtig angetan von der HiFi-Anlage, die noch Toni Schumacher angeschafft hat: **»Wenn ich morgens in die Kabine komme, läuft schon heiße Musik. Da ist man gleich gut drauf!«** Für eine schöne Soundmischung sorgt **Haus-DJ Bodo Illgner** höchstpersönlich.

Starschnitt ·················
Preben Elkjær Larsen

Der dänische Fußballstar Preben Elkjær Larsen erinnert sich gerne an seine Tage beim FC: »Ich fühlte mich eine Zeit lang wie der König des Rheinlandes.« Auf die Frage des »11 Freunde«-Magazins »Wie viele Frauen im Großraum Köln sehnen sich heute noch nach Ihnen?« antwortet er: »Viele. Sehr viele. Vielleicht sogar alle. Ehrlich gesagt: Je älter ich werde, desto mehr werden es in meiner Vorstellung.« Die meisten Geschichten, die über ihn im Umlauf sind, stimmen tatsächlich, so Preben

Preben Larsen

Elkjær Larsen. Nur dass Weisweiler ihn einmal in der Nacht vor einem Spiel mit einer leicht bekleideten Dame und einer Flasche Whiskey gesehen haben solle, stimme nur zum Teil: »Er hat sich geirrt: Es war kein Whiskey. Es war Wodka.«

Preben Elkjær Larsen über den neuen Abwehr-Star der Bundesliga, Jürgen Kohler: **»Gegen den macht höchstens ein Marsmensch ein Tor.«**

Tristan und Isolde? Nein, Jürgen Kohler mit seiner Freundin Michaela Fahrian.

Jürgen Kohlers Lieblingswitz: **Ein Mann an der Theaterkasse: »Ich hätte gern zwei Karten.« »Für Tristan und Isolde?« »Nein, für meine Frau und mich.«**

Abwehrspieler **Karsten Baumann** spielt seine erste Saison beim 1. FC Köln. In einem Testspiel vor der Saison holt Trainer Erich Rutemöller seine Nummer 10, Pierre Littbarski, vom Platz und weist Baumann an, er solle seine Position übernehmen. Kaum ist er auf dem Feld, kommt von hinten das **Alphatier Paul Steiner** angerannt. Der Libero packt Baumann und schiebt ihn von der Position der Nummer 10 weg: **»Du spielst hinter mir, verstanden?!«** Jungprofi Baumann tut, wie ihm der alte Hase Steiner befiehlt. Und draußen macht Rutemöller große Augen und schweigt.

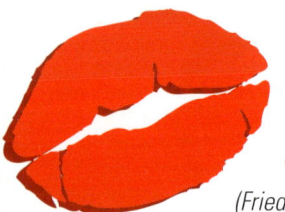

»Das war ja nicht der erste Kuss von ihm. Das ist schon das eine oder andere Mal passiert.«

(Friedhelm Funkel nach einem Wangenkuss vom Manager Andreas Rettig)

»Zurzeit leben wir in einem Rückschlag.«

(Klaus Hartmann)

Was haben wir denn da entdeckt?

Hinten anstellen, Herthinho!

Als interessierter Bundesligist hält man natürlich so sein wachsames Auge nicht nur auf das sportliche Können unserer Liga-Konkurrenten.

Beim Durchblättern des Stadionmagazins von Hertha BSC „Wir Herthaner", da haben wir doch tatsächlich ein Motiv entdeckt, dass uns ziemlich bekannt vorkam und ein wenig schmunzeln ließ. Herthinho wirbt

Stellen Sie sich nicht so an.
Nutzen Sie den Vorteil Vorverkauf!

Herthinho gefiel sie wohl auch ganz gut...

Stellen Sie sich nicht so an.
Nutzen Sie den Vorteil Vorverkauf!

Unser Hennes hatte die Idee

für den Vorverkauf - doch Hennes war zuerst da, hat sich diese Kampagne schon im Vorjahr gesichert.

Aber wir gehen es ja gerne zu – es freut uns natürlich auch zu sehen, dass unsere Motive so gut ankommen und sogar nachgemacht werden! Aber eins, das stellen wir hier mal klar: Herthinho sollte sich mal ganz brav hinter Hennes anstellen!

Aus dem »Geißbock-Echo«

»Mein Thema heute ist das Spiel gegen den **1. FC Stuttgart**.«

(Ewald Lienen)

»Ich habe festgestellt, dass ich ein **Fachidiot** bin. Ich habe Trainer gelernt, und ich **kann auch nichts anderes**.« *(Udo Lattek)*

»Ich bin leider nicht zu sprechen, weil ich im Keller meine Waffen putze.«

(Anrufbeantworter von Toni Polster)

»Es war eine Dürreperiode mit einem plötzlichen Platzregen.«

(Michael Meier über eine bescheidene Hinrunde und ein 3:0 im letzten Spiel vor der Winterpause)

»Abseits ohne Not – das war unser Tod!«

(Jörg Berger)

Kölns Trainer **Peter Neururer**, der gerne Vertraute um sich schart, wird gefragt, ob denn da noch mehr Bekannte aus alten Tagen kommen. Und Neururer reagiert humorvoll – hoffen die FC-Fans wenigstens: »Zufrieden bin ich wirklich erst dann, wenn ich **Wolfram Wuttke und Werner Vollack reaktiviert** habe. Schließlich sollen Dorinel Munteanu als Spielmacher und unser Torwart Bodo Illgner Druck kriegen. Und perfekt ist meine Transferpolitik, wenn ich Schalkes Unikum **Charly Neumann als neuen Betreuer** gewinnen kann.«

Starschnitt ....
Jürgen Kohler

**»Zu viel
Denken
ist immer
schlecht.«**

Jürgen Kohler (l.) mit Freundin Michaela und ihren Eltern:
Mutter Karola und Vater Wolfgang Fahrian (v.l.)

**»Kohler köpft alles weg, der
würde sogar eine Kiste Bier
aus dem Strafraum köpfen.«**

(Jörg Dahlmann)

*»Ich habe 19 Jahre lang den
schönsten Beruf ausgeübt, den es gibt.«*

»Ein Hackentrick von Jürgen Kohler –
das kann ja nicht gut gehen.«
(Manfred Breuckmann)

»Für Kohlers Verhältnisse
war der Pass gar nicht
schlecht.«
*(Marcel Reif über einen Pass, der über
fünf Meter gespielt im Seitenaus landete)*

»Auch wenn der
Fußballgott
hier steht,
ich muss vorbei.«
*(Michael Büskens zu Kohler,
der ihm vor der Kabinentür
im Weg stand)*

Als der Kölner Keeper **Mondragon** nach einer Reise zu Testspielen mit der kolumbianischen Nationalmannschaft in Übersee (von den Medien auch als »Lustreise« tituliert) zum FC zurückkehrt, wird er von seinem Trainer Soldo **auf die Bank verbannt.** Das gefällt dem alternden Kolumbianer natürlich überhaupt nicht. Und so beruft er flugs eine **Pressekonferenz** im Geißbockheim ein und redet sich geschlagene zwanzig Minuten lang auf Spanisch ohne Nachfragen in einem skurrilen **Anfall von geistiger Umnachtung** um Kopf und Kragen. Höhepunkt seines denkwürdigen Abschiedsmonologs ist die Stelle, als sich »Mondy« mit dem Erlöser höchstpersönlich vergleicht: »Ich fühle mich, als hätte ich ein Messer im Rücken. **Auch Jesus Christus wurde hinterhältig behandelt und verraten!«**

Als Augsburgs Keeper **Marwin Hitz** im Dezember 2015 mutwillig mit seinen Stollen den Elfmeterpunkt im RheinEnergieSTADION malträtierte, war die Aufregung unter den Fans und Offiziellen des FC groß. Vor allem, weil Anthony Modeste auf dem ramponierten Stück ausrutschte und den Strafstoß nicht im Gehäuse unterbringen konnte. In die Enttäuschung über die 0:1-Niederlage mischte sich auch Wut über die Freveltat des Augsburger Torwarts. Doch einer reagierte besonnen, überlegt und mit einer typisch kölschen Prise Humor: Hans Rütten, der Chef der Kölner Sportstätten, schickte umgehend eine Rechnung in Höhe von 122,92 Euro an Marwin Hitz. Die Summe sollte den Schaden ausgleichen, der der Stadt Köln beim Austausch des Rasenstücks entstanden war. Lächelnd erklärte Rütten: »Es geht mir nicht um das Geld. Aber ein bisschen Strafe schadet nicht.« Die Rechnung hat Hitz übrigens umgehend beglichen – als Spende an die Kinderklinik in der Amsterdamer Straße.

»Nur die drei Balken will ich um mich spüren, dann ginge es mir schon wesentlich besser.«
(Torwart Gerd Welz nach einem Nierenriss)

»Wir sind **nicht so stark, wie die anderen meinen,** aber die anderen sind auch **nicht so stark, wie sie glauben.**«
(Udo Lattek)

»Der Kostner zum Beispiel hatte fast so viele Spritzen drin wie ein Igel Stacheln.«
(Peter Neururer über seine angeschlagenen Spieler)

»Natürlich kann ich Ihnen nur Plattheiten sagen! Was verlangen Sie denn von jemandem ganz unten?!«
(Jörg Berger im Abstiegskampf)

»Wir haben uns dilettantisch wie eine Schülermannschaft angestellt, wobei ich nichts gegen Schüler habe.«
(Friedhelm Funkel)

Seine zweite Trainerzeit in Köln verläuft für **Tschik Cajkovski** nicht immer sehr angenehm: »Ich bin böse auf meine Spieler. Alle glauben, sie wären echte Profis, doch laufen will keiner. Wie Löhr oder Lauscher spiele ich noch mit meinen 50 Jahren. Diese Herren bekommen von mir jedoch, was sie brauchen: Ich werde sie morgens um sechs Uhr zum Sondertraining einladen. Andere Berufstätige müssen auch um sechs Uhr aufstehen! Wenn bei uns früher das Blut floss, klatschten alle Leute Beifall. Heute sind viele nur noch Mädchen. Damals gab es 320 Mark für uns, heute werden Millionen für Spieler hinausgeworfen.«

1. FC Köln – VfL Bochum (21. Februar 1987): Toni Schumacher und Bodo Illgner beim Aufwärmen

Frage an Toni Schumacher: **»Schläfst du in einem Himmelbett?«** (Tina und Daniela P., 7000 Stuttgart) Antwort: **»Nee, im Kornfeld.«**

»Wenn ich mir meinen Vertrag so ansehe, müsste der ein oder andere Spieler noch drin sein.«

(Hanspeter Latour auf die Frage eines Journalisten, ob noch neue Spieler verpflichtet werden)

In Köln bringt ein junger Mann **»Farbe ins Spiel«** (»BILD«). **Anthony Baffoe** überzeugt nicht nur auf dem Rasen, er begeistert die Fans mit seinem lockeren Mundwerk auch außerhalb des Platzes: **»Früher bin ich hinter den Leuten hergerannt, wenn sie ›Nigger‹ riefen. In Marburg haben's beim Endspiel auch einige gemacht. Da hab ich mich vor die gestellt und sie dirigiert. Zupp, waren se mucksmäuschenstill!«**

»Du kannst auf meiner Plantage arbeiten.«
(Anthony Baffoe zu einem hellhäutigen Gegenspieler)

»Wir stehen jetzt wieder mit leeren Punkten da.«
(Lukas Podolski)

Mannschafts-
sitzung vor dem
Auswärtsspiel in
Mönchengladbach
am 23. April 1988:
Christoph Daum
erklärt die Taktik …

**»Ich bin
doch kein
Politiker!«**

*(Michael Meier auf die Frage,
ob er beim 1. FC Köln
das Handtuch
schmeißen wolle)*

Schumacher berichtet in seinem
Buch auch von Dopingfällen in der
Bundesliga. Sein Verein reagiert
schnell. Nach der Partie in Frankfurt
müssen vier FC-Akteure Wasser lassen.
»Wir haben einen Journalisten gebeten, die
Auslosung vorzunehmen. Dadurch war absolute Objektivität
gewährleistet«, sagt Kölns Manager Michael Meier. Schumacher:
»Wenn wirklich Dopingkontrollen eingeführt werden, dann
bezahle ich sogar die Uniform für die Doping-Polizei.«

**»Beim Anrennen zum Schluss
haben wir uns fast den Finger in der
Nase abgebrochen.«** *(Ewald Lienen)*

**»Zum Springen
haben wir
ja den
Geißbock.«**

*(Christoph Daum auf die Frage,
warum er nicht richtig gejubelt habe)*

KICKEN FÜR DEN GUTEN ZWECK

LUKAS PODOLSKI STIFTUNG — PER MERTESACKER STIFTUNG

LUKAS & FRIENDS **VS.** PER & FRIENDS

PFINGSTMONTAG 20.05.2013

AB 15:00 UHR IM SPORTPARK HÖHENBERG

TICKETS UND WEITERE INFOS UNTER WWW.PRO-EVENT.DE
ODER TELEFONISCH UNTER 0800 333 222 6

Toni Polster
ist ein echter
Spaßvogel
und jederzeit für
einen guten Spruch
zu haben. Weil es mit
seinem Trainer **Peter
Neururer** nicht wirklich
gut läuft, wird der Österreicher
des Öfteren auf das schwierige
Verhältnis angesprochen. Doch Toni
weiß zu kontern; er behauptet einfach das
genaue Gegenteil und hat die Lacher auf seiner Seite:
**»Wir lassen uns beide von unseren Frauen scheiden
und ziehen zusammen!«** In Wahrheit würde Polster
seine Frau natürlich nie hergeben, schließlich hat er sie
sich hart erkämpft, wie er einmal in lauschiger Runde
erzählt: **»Elisabeth hat in der Wiener Disco ›Jack
Daniels‹ an einer Miss-Wahl teilgenommen. Obwohl
sie die Hübscheste war, wurde sie nur Dritte. Da
habe ich mich als Reporter vom ›Rennbahn-Ex-
press‹ ausgegeben und um ein Interview gebeten.
So kamen wir ins Gespräch, und nun sind wir schon
seit fünf Jahren glücklich verheiratet.«**

»Wäre es kälter gewesen, wär' vielleicht einer von ihnen **am Boden festgefroren**.«

(Peter Neururer nach einer 0:3-Niederlage seines 1. FC Köln beim MSV Duisburg über seine Spieler)

»Lattek ist ein hervorragender Trainer. Das zeigt sich schon alleine daran, dass er den Herren **Neudecker** und **Schwan** jahrelang das **Gefühl** vermittelte, sie **verstünden etwas vom Fußball**.«

(Helmut »Fiffi« Kronsbein)

»Meine Frau hat Schauspiel studiert, und ich setze an der Linie einige Dinge um, die ich bei ihr sehr, sehr gut finde.«

(Christoph Daum)

»Wir haben 90 Minuten seriös um die Punkte gekämpft.«

(Ewald Lienen)

Wolfgang Weber pflegt sein Pferd.

Paul Steiner mit Sohn Mirco und Ehefrau Carmen

»Ich versuche über den Fünf-Meter-Raum hinauszudenken. Ich kann Sprachen: Englisch, Kölsch und **Schwäbisch. Guts Nächtle**, oder so.«

(Christoph Daum)

»Die Erfolgsleiter ist angesägt. Und zwar **jede Sprosse zweimal**.«

(Jörg Berger kurz vor seinem Abschied beim FC)

»**Litti** kannte jeden Zaubertrick, sobald er auf den Markt kam. Irgendwann hatte er auch diesen **Zauberwürfel,** eine halbe Nacht lang hat er daran gedreht. Ich legte mich deshalb **in die Badewanne schlafen,** bis Litti um halb drei Uhr nachts brüllte: **Ja! Jetzt hab' ich's geschafft!«**

(Toni Schumacher)

»Erst neulich hat mir **Uli Hoeneß** gesagt: ›Toni, dass wir dich nie geholt haben, war ein großer Fehler.‹ Das hat mir gut getan. Dafür habe ich den Bayern dann gleich **zwei eingeschenkt,** als sie bei uns antraten. **Hat auch gut getan.«** *(Toni Polster)*

»Und wenn ich Lust hätte, mir die Haare knallgelb wie ein Punker zu färben, dann würde ich das auch tun.«

(Pierre Littbarski hält nichts von den Anweisungen seines Trainers Rinus Michels, der Litti übrigens »Juanito« nennt, weil er ihm oft zu eigensinnig spielt.)

»Als Trainer musst du eine Sau sein. Wenn du keine mehr bist, dann bist du tot.« *(Udo Lattek)*

»Ihr könnt Eimer zum Kotzen mitnehmen.«

(Peter Neururer bei der Ankündigung eines Trainingslagers)

»Der Ball ist eine Kartoffel.«

(Tschik Cajkovski)

»Um zu rennen und zu kämpfen, braucht man kein Abitur.«

(Christoph Daum)

Pierre Littbarski war schon immer einer, der Spaß verstand. Als er einmal gefragt wurde, ob er denn mit Thomas Häßler auf einem Zimmer liege, antwortete der ehemalige Kölner Nationalspieler: **»Nee, das geht nicht. Einer muss doch an die Klinke kommen.«**

Tschik Cajkovskis Rat an **Herbert Neumann,** der von Köln zu Bielefeld wechseln möchte: **»Was willst du reiten Esel, wenn du so viel kannst, um zu reiten Pferd!«**

»Wenn das Telefon klingelte, hechtete ich zum Hörer wie Toni Schumacher, nur ohne Torwarthandschuhe. Meistens waren aber nur Bekannte dran.«

(Peter Neururer über seine Zeit als arbeitsloser Trainer)

»Der Paul Bocuse würde Ihnen auch nicht jedes **Rezept für eine Soße** rausgeben. Oder fragen Sie doch mal Coca-Cola nach der richtigen Mischung.«

(Christoph Daum auf die Frage, welche Tricks er auf Lager habe)

»Der neue Rahmenterminkalender ist so voll, da gibt es in den nächsten zwei Jahren keinen Termin, an dem man mit seiner Frau Kaffee trinken kann.«

(Ewald Lienen)

»Mein Stuhl in Köln ist aber sicherer.«

(Ewald Lienen, nachdem er bei der Pressekonferenz nach dem 2:1 beim FC St. Pauli einen kaputten Stuhl erwischt hatte, von dem er nur noch knapp über die Tischkante gucken konnte)

»Wenn alle um einen **freien Stuhl kämpfen,** ist das die **Reise nach Jerusalem** – wenn alle **die Flucht ergreifen,** sobald ihnen der freie Stuhl angeboten wird, dann ist das die **Trainersuche beim 1. FC Köln.«** *(Gaby Köster)*

»**Dieses Spiel war nicht gut für einen Trainer mit Herzschrittmacher.«**

(Ståle Solbakken nach einem turbulenten 4:3 beim HSV)

»*Du sollst nicht einkaufen, du sollst trainieren.*«

(Kind im Supermarkt zu einem Spieler des 1. FC Köln)

»Eine richtig schlaue Analyse fällt mir schwer. Ich bräuchte eine Stunde, um auf den Punkt zu kommen, aber mein Abendessen steht um acht auf dem Tisch.«
(Peter Neururer)

Klaus Allofs

"Als Stürmer braucht man Schußkraft und einen Spitzenschuh. Deshalb schoß ich die meisten meiner Tore in PUMA".

PUMA

»Erst steigen wir ab, dann steigen wir wieder auf, dann steigen wir wieder ab, und dann steigen wir wieder auf, das finden wir lustig, weil wir bescheuert sind.«
(Fangesang)

»Ich brauche keinen Sekt, ich brauche überhaupt keinen Alkohol. Was ich brauche, sind Punkte.« (Jörg Berger)

»Fußball wird in so vielen Ländern gespielt. Das heißt: Anderswo wird mit anderem Wasser anders gekocht.«
(Toni Schumacher)

»Diese Siegermentalität, die den 1. FC Köln in den vergangenen Jahrzehnten ausgezeichnet hat, die müssen wir wieder in die Mannschaft **reinprügeln**.« (Michael Meier)

»Falls es irgendwen interessiert: **Jancker** ist wie immer die **Nutzlosigkeit in Person.** Meine Güte, seine Ballannahme ist noch schlechter als die von Emile Heskey.«
(»The Guardian« im Internet-Ticker)

»Der Grat zwischen **Bescheidenheit** und **Anspruchslosigkeit** ist schmal.« (Herbert Neumann)

»Ich habe spekuliert, dass er spekuliert.«
(Thomas Broich)

Eine (oder mehrere) Frauen spielen auf dem AB des Stürmers Uwe Fuchs eine Rolle. Er hat auf seinem Anrufbeantworter das Liebesgestöhne des Songs »Je t'aime« ablaufen lassen. Die Botschaft ist eindeutig. Leider auch für die Beamten der Deutschen Bundespost. Nachdem eine große Sportzeitung über den erotischen AB berichtet hat, schaut man in Bonn ganz genau nach. Und was stellt man fest? Uwe Fuchs hat seinen Anrufbeantworter dort gar nicht angemeldet. Fast ein Kuriosum, dass man dies vor über zwanzig Jahren noch tun musste. Und so flattert dem Stürmer-Ass eine Nachzahlung der Anschlussgebühr ins Haus. Immerhin 75 Mark. Doch das ist Uwe Fuchs dieses spezielle Vergnügen wert.

Am Ende der Saison 1996/97 wird **Leverkusen** nur Zweiter hinter dem FC Bayern München. Das findet Kölns Trainer Peter Neururer allerdings ganz und gar nicht schade, denn vor der Saison hatte er versprochen: »Wenn **Christoph Daum** Meister wird, verlese ich **Lobeshymnen in Gedichtform** auf dem Kölner Neumarkt. Das habe ich gesagt, dazu stehe ich.«

»Natürlich möchte ich Titel gewinnen. Aber wenn ich einen **Geländewagen** habe und die Konkurrenz einen **Formel-1-Flitzer,** wird es schwierig, das Rennen durch **eine bessere Kurventechnik** zu gewinnen.« *(Christoph Daum)*

»Ein **Torriecher** ist wahrscheinlich wie Fahrrad fahren – das **verlernt man auch nicht**.« *(Klaus Allofs)*

»Was brauche ich Wohnung, wenn ich zwei Punkte habe?«

(Tschik Cajkovski nach einem Einstandssieg mit seinen Kölnern gegen Offenbach)

»Achtung an alle Presseleute! Ewald Lienens Mundwinkel haben gezuckt und sich nach oben bewegt.« *(Stefan Grothoff, Moderator)*

Bodo Illgners Wechselspiele

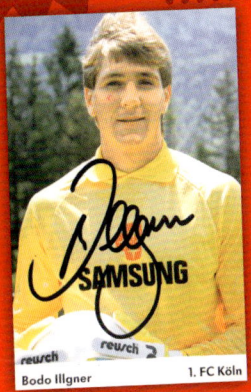

Bodo Illgner 1. FC Köln

Bodo Illgner erwägt einen Wechsel vom 1. FC Köln zu einem anderen Verein. Wohin es geht, ist ihm im Grunde offenbar fast egal: **»Wenn zum Beispiel Pisa sagt, du kannst den schiefen Turm haben, dann gehe ich auch nach Pisa.«**

Ein paar Jahre später: Die ganzen Scheingefechte haben nichts genützt. **Der Kölner Keeper Bodo Illgner unterschreibt einen Vertrag bei Real Madrid.** Am Tag zuvor hat Trainer Peter Neururer noch getönt: **»Illgner ist absolut unverkäuflich. Wir verkaufen ja auch nicht den Kölner Dom.«** Und Manager Wolfgang Loos am 30. August selbst: »Der 1. FC Köln denkt nicht daran, Illgner ziehen zu lassen. **Nicht einmal für zehn Millionen Mark.«** Das Problem: Den Dom kann der FC tatsächlich nicht verkaufen, da er ihm nicht gehört. Illgner dagegen kann jederzeit ins Ausland gehen, da er seit über sechs Jahren eine **Freigabeklausel** hat, die es ihm erlaubt, für eine **Ablösesumme von vier Millionen Mark** den Verein zu verlassen. Von diesem Vertragsdetail hat Bodos Managerin, seine **Ehefrau Bianca,** den Spaniern natürlich erzählt. Und so erfährt der 1. FC Köln erst **nach Illgners Unterschrift** von dessen Wechsel zu Madrid!

Starschnitt ·············
Toni Schumacher

»Dann zahl' ich ihm seine Jacketkronen.«

»Seither bemühe ich mich, bei jeder leichten Berührung, bei jedem Zusammenstoß, bei jedem Foul **im Gegner zuerst den Menschen zu sehen.«**

(In Bezug auf das Foul an Battiston)

»Wenn man seine Laufbahn beendet, stellt sich endgültig raus: Der Rest des Lebens – das ist der längere Teil.«

»Wenn du immer verlierst, ist jede Ästhetik im Eimer.«

»Es gibt Berichte, die sehen aus wie ihre Autoren.«

»Mir ist doch völlig gleichgültig, wer unter mir Bundestrainer ist.«

»Was man mit dem Mund macht, das braucht man nicht zu laufen.«

Harald Schumacher mit Ehefrau Marlies und Sohn Oliver im Mai 1980

»Wenn ich Trainer wäre und der Torjäger müsste immer bei seiner Frau schlafen, um im Spiel zu treffen, ja lieber Gott, dann soll er doch.«

»Trainer müssen glücklich sein. Kein anderer **Schmutzlappen** verdient so viel Geld.«

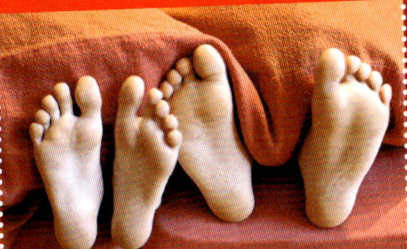

»Lieber ein Ende mit Schrecken als ein Schrecken mit Ende.«

(Pierre Littbarski über die Entlassung von Toni Schumacher bei Fortuna Köln)

»Meine Mutter hat immer gesagt: **Immer schick ist nimmer schick.** Soll heißen: Wer immer gut aussieht, bei dem fällt es irgendwann nicht mehr auf.«

»Meine Maxime heißt: den Ball halten.«

»In der freien Wirtschaft würde ein 1. FC Köln erbarmungslos absaufen.« *(In der Saison 1995/96)*

»Mit mir kriegt man keine Probleme. Man muss nur machen, was ich will.«

Schumacher packt beim Hausbau selbst mit an (im März 1980)

Starschnitt
Pierre Littbarski

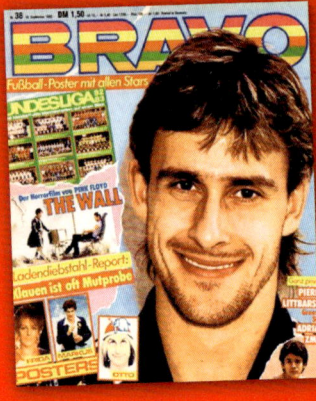

Pierre Littbarski feiert die Grenzöffnung auf praktische Weise: **»Wenn jetzt die Kinder beim Spielen einen Ball über die Mauer schießen, können sie ihn wenigstens wiederholen.«**

»Ich spiel nun mal lieber mit zehn fröhlichen Menschen zusammen als mit zehn verbissenen«, ist das munter klingende Lebensmotto des Autors des Buchs »Litti. Meine Geschichte«. Nationalspieler Pierre Littbarski plaudert in seinem Werk humorvoll aus dem berühmten Nähkästchen: »Daum war nicht nur ein Trainer, der sehr viel von Taktik verstand, sondern er konnte die einzelnen Spieler und die ganze Mannschaft auch hervorragend motivieren, da war er ein richtiger Künstler. Er hatte jeden Tag originelle Ideen und war immer wieder in der Lage, uns mit irgendetwas Neuem zu überraschen, da besaß er eine fast unbegrenzte Energie. Er meinte, dass das beste Training ohne Abwechslung langweilig wird und die Spieler dann keine Lust mehr haben mitzuziehen. Das immer gleiche Schema frustriert. Darum ließ er sich ständig etwas einfallen: Einmal brachte er eine Aerobic-Lehrerin mit, das gab natürlich ein großes Hallo, und alle machten dann schon allein aus ›Spaß an der Freud‹ mit.«

»Dem Litti muss man die eigenen Füße nummerieren, damit er nicht dauernd darüber fällt.« *(Max Merkel)*

»Das ist Wahnsinn! Da gibt's Spieler im Team, die laufen **noch weniger** als ich!«

(Toni Polster nach einer Niederlage)

»Ich bin an der Schwelle zum Lebensabend angelangt, und abends wird es bekanntlich dämmrig. Aber wenn im Stadion die Flutlichtanlage angeht, dann wird's wieder hell in meinem Leben – als käme da noch mal so was wie ein Morgen.«

(Udo Lattek)

»*Wer jetzt noch träumt, ist ein Träumer.*«

(Friedhelm Funkel)

»**Deutschland sieht so viel besser aus ohne Jancker, selbst mit zehn Mann.**«

(»The Guardian« im Internet-Ticker)

»**Jörg Berger hätte sogar die Titanic gerettet.**«

(Jan-Åge Fjørtoft)

»Schlechte Fitness, Unfähigkeit, miese Moral, keine Kondition – wenn ich nicht genau wüsste, die Rede ist von der **Bundeswehr**, dann würde ich sagen: **1. FC Köln**!« *(Gaby Köster)*

Starschnitt
Franz Kremer

Kölns Präsident Franz Kremer ist geschäftlich ein Fuchs. Während überall in der noch jungen Bundesliga die schwarzen Kassen kreisen, hat Kremer eine andere Idee. Da pro Spiel eine Prämie von 250 Mark an die Lizenzspieler gezahlt werden darf, ersetzt der FC kurzerhand das Mittwoch-Training durch eine Begegnung mit einem unterklassigen Gegner. So kann Kremer guten Gewissens offiziell verkünden: »Bei uns verdienen 15 Spieler zwischen 35.000 und 50.000 Mark im Jahr.« In Berlin bei der Hertha auch – aber dort nicht legal wie beim FC dank Kremer.

Präsident Franz Kremer stirbt während des Spiels gegen Eintracht Frankfurt am 11. November 1967 vor dem heimischen Radio. Vom Herzinfarkt ihres langjährigen Vorsitzenden erfährt die Mannschaft um Wolfgang Overath nach der Rückkehr vom 2:1-Auswärtssieg. Die Freude weicht augenblicklich einer tiefen Trauer. Ausgerechnet am Karnevalsbeginn trifft die Nachricht den FC hart.

Franz Kremer ist nicht nur der eigentliche Vater der Bundesliga, nein, er sorgt auch für seine »Kinder«. In den ersten Jahren der Bundesliga ist es selbstverständlich, dass die Spieler zusätzlich zu ihrem Engagement in den Vereinen einem zweiten Beruf nachgehen. Und so stehen einige der Lizenzspieler bei Franz Kremer in Lohn und Brot. Der Borusse Hans Tilkowski ist 1964 gar in dreifacher Mission unterwegs: als Lizenzspieler bei Borussia Dortmund, als Versicherungsvertreter und schließlich auch noch als Vertreter für Geschenkartikel. Den letztgenannten Job übt er bei Franz Kremer aus. Und der FC-Patriarch fährt gut damit, Bundesligaprofis als Vertreter für seine Firma durch die Republik zu schicken. Aber auch Tilkowski ist sehr zufrieden mit der Erweiterung seiner Einnahmequellen: »Ich habe viele Freunde. Versicherungsmäßig können sie nicht immer was für mich tun. Mit Geschenkartikeln schon eher.« Auch FC-Star Hans Schäfer kann davon ein Lied singen und ist Kremer für den lukrativen Job mehr als dankbar.

Starschnitt ....
Hennes I. bis VIII.

Auch Hennes beugt sich den modernen Pay-TV-Zeiten und bleibt bei Auswärtsspielen gerne einmal im heimischen Stall. Per Mercedes, Moped oder im Mannschaftsbus geht es nur noch selten in die Stadien der Republik. Lieber macht es sich Hennes zu Hause gemütlich und schaut auf einem eigens installierten Fernsehgerät im Stall das Spiel seines FC.

»Was kostet der Köter?«, soll einmal ein Anhänger eines auswärtigen Vereins im FC-Fanshop mit Hennes in der Hand gerufen haben. Sekunden später fand sich der Fan ohne Geißbock auf der Straße wieder.

»Die deutsche Mannschaft war so schlecht – hier in Köln hat sogar der Geißbock gekotzt!«

(Harald Schmidt nach einem Länderspiel)

Hennes wurde sogar die zweifelhafte Ehre zuteil, eine Hauptrolle in einem Kinofilm übernehmen zu dürfen. Im Film »Superbullen« wird er entführt – von Bayern-Fans – und soll geschlachtet werden. Und das ausgerechnet vor dem Pokalfinale, »… dass die Profis ohne ihren Talisman gegen die Bayern nur schwer gewinnen können«, wie Schauspieler Tom Gerhardt erklärt. Am Ende geht natürlich alles gut aus. Dank der Superbullen Tommie und Mario!

Das Bundesliga-Geschäft ist nicht immer nur ein Zuckerschlecken – vor allem nicht für die Familien der Stars. Weil Christoph Daum im Trainingslager ein bisschen zu nah an »Miss Banana« steht, dies ein Fotograf zufällig sieht und schnell knipst, muss sich am nächsten Tag Frau Daum beim Einkaufen einige zotige Bemerkungen anhören wie: »Ah ja, Ihr Mann ist mit den Kölnern im Trainingslager. Er muss hart ran, haben wir gesehen!«

Jimmy Hartwig auf die Frage, wo er denn gewesen sei, als bei der WM 1974 das legendäre Sparwasser-Tor fiel: **»Keine Ahnung. Wahrscheinlich habe ich gerade eine Alte gebumst!«**

»Ich bin so klug, dass ich meine Worte so wählen kann, dass ich immer recht habe.«
(Gyula Lorant)

»Wenn ihr nach oben kommen wollt, müsst ihr auch mal Gauner und Schlitzohren sein.«
(Tipp von Lorant an seine jungen Talente)

Starschnitt
Bodo Illgner

Bodo Illgner und sein untermauerter Anspruch, die Nr. 1 zu sein

Lieber Sieger als Flieger

Als **Peter Neururer** sein erstes Training beim 1. FC Köln absolvierte, legte er am Ende eine Sonderschicht mit den Torhütern ein. Die anderen Spieler durften duschen. Als **Bodo Illgner** schließlich in die Kabine kam, warf er seine Torwarthandschuhe wütend auf den Boden und schimpfte: »So wird das nichts. Wir sind geschiedene Leute!« Als die Kollegen ihren Weltmeister fragten, was denn passiert sei, antwortete Illgner immer noch total erregt: »Der Trainer hat mich **Schnapper** genannt!«

Damit konnte er ja nicht rechnen: **Bodo Illgner** hatte kurz vor der folgenreichen Buchveröffentlichung von **Toni Schumacher** bereits einen **Vertrag in Nürnberg** unterschrieben. Nun steht er wie eine Eins im FC-Tor und ist natürlich **unverkäuflich**. Der 1. FCN zeigt sich gesprächsbereit – möchte aber gerne eine Abstandssumme von **300.000 Mark** haben. Viel Geld für die Kölner, schließlich ist es ja eigentlich ihr Spieler.

Wie wir Kölner ganz nach oben kommen

Mit der Nationalmannschaft wurde Bodo Illgner Weltmeister, mit seinem 1. FC Köln möchte er nun auch Deutscher Meister werden. Bodo äußert, was passieren muß, um dieses Ziel zu erreichen.

Kölns Bodo Illgner bringt es auf den Punkt: »**Drei Punkte sind besser als einer. Doch ein Punkt ist besser als keiner.**«

»*Die Kölner diskutieren auch gar nicht. Bis auf Bodo. Der hat Abitur.*«

(Manfred Breuckmann)

117

Starschnitt
Peter Neururer

Peter Neururer

»Ich kann meiner Mannschaft keinen Vorwurf machen. Höchstens dem Platzwart. Der soll beim nächsten Mal die Torpfosten versetzen.«

(Nach einer 0:1-Heimniederlage, bei der sein Team dreimal den Pfosten getroffen hatte)

»Wenn zwei über Fußball reden, kommen drei Meinungen heraus.«

»Die Droge Bundesliga **fasziniert** mich – und sie **finanziert** mich.«

»Ich wollte eigentlich einen Eilantrag beim DFB einreichen, so dass ich in der Pause acht Spieler auswechseln kann.«

(Nach einem schlechten Spiel)

»Es gibt halt diese Seuchentage, an denen man lieber im Bett bleiben sollte. Aber leider hatte der DFB ein Spiel angesetzt.«

»Wir feiern nicht, bis der Arzt kommt. Den nehmen wir gleich mit auf die Party.«

»Einen hatte ich mal. Ein ganz wunderbarer Typ! Aber er hat sich über seine eigene Situation, über die Situation seines Gegenspielers, über die Sozialstrukturen in seiner Mannschaft so viele Gedanken gemacht, er hat mitten im Spiel alles so bilateral und multilateral behandelt – da war immer der Ball weg.«

(Peter Neururer auf die Frage, ob es Spieler gibt, die zu klug für Fußball sind)

»In diesem Beruf komme ich mir nicht selten vor, als würde mir jemand dauernd mit einer Pfanne von vorn, von hinten, von oben auf den Kopf schlagen.«

»Auswärtsspiele sind keine Butterfahrt.«

»Im Gegensatz zu dem, was ich damals auf Schalke als Trainer erlebt habe, ist das in Köln ein **Kurzurlaub** und keine **Krise**.«

»Ich bin Idealist. Wenn das Leben nicht so teuer wäre, würde ich alles umsonst machen.«

»Wenn ich darauf reagieren würde, müsste ich wie ein Zitteraal durch die Gegend laufen.«
(Auf die Frage, wie er mit Spekulationen über seine Entlassung umgehe)

»Sowohl als auch. Einer, der auf Abseits gespielt hat, hat gepennt.«
(Auf die Frage: »Haben die da auf Abseits gespielt oder gepennt?«)

»Zu Hause bin ich die absolute Weichbirne.«

Reiner Calmund erinnert sich an den 4. September 1993 und seine Folgen: »Wir spielten im Haberland-Stadion, Bayer gewann 2:1. Der FC verlor zusätzlich noch **Toni Polster** durch Platzverweis, der sympathische Österreicher hatte gegen Paulo Sergio nachgetreten. Schiedsrichter Hans-Peter Best **zog sofort Rot.** Toni lächelte breit, entschuldigte sich bei Paulo, ging auf Best zu, schüttelte dem die Hand und verabschiedete sich mit einem: ›Grüßen'S die Frau Gemahlin recht schön, küss die Hoand.‹ Das rettete ihn nicht vor einer **langen Sperre.** Die wollten die FC-Bosse in der Verhandlung beim Sportgericht reduzieren und ein **Video vorführen,** mit dem Polster **entlastet** werden sollte. Leider hatten die Kölner das falsche eingepackt. Als es abgespielt wurde, flimmerten den verdutzten Sportrichtern die **Bläck Fööss** über den Bildschirm und sangen Ostermann-Lieder.«

»Für mich gibt es nur ›Entweder-oder‹. Also entweder voll oder ganz!«
(Toni Polster)

»*Einige von unseren Spielern können kaum ihre Namen schreiben. Aber Sie sollten sie mal addieren sehen.*«
(Karl-Heinz Thielen)

Dressman Karl-Heinz Thielen bei Modeaufnahmen im Juli 1964

»SIE WOLLTEN ES HABEN, DANN HABE ICH ES IHNEN GEGEBEN.«

(Anthony Modeste zog sich nach seinem Dreierpack im DFB-Pokal beim SV Meppen (4:0) bis auf die Unterhose aus.)

Anthony Modeste nach dem Pokalspiel in Meppen im Sommer 2015 in Spendierlaune

Die spätere Bayer-Legende **Reiner Calmund** als Manager in Köln? Im November 1986 wäre es um Haaresbreite so weit gewesen. Calmund: »Es tut mir wirklich leid, einen so anständigen und fähigen Menschen wie Michael Meier enttäuschen zu müssen. Dies ist kein Lippenbekenntnis, Meier allein war für mich der Ansprechpartner beim FC, allein der Grund, warum die Ereignisse überhaupt so weit gedeihen konnten. Aber ich konnte nach dem Gespräch mit Fischer nicht mehr über meinen Schatten springen. Aber noch mal: Es tut mir weh!«

»Manchmal denk' ich, was da auf meinem Hals sitzt, ist nur ein riesiger Fußball.« *(Ewald Lienen)*

»Ich habe ihm schon mal zu seinem ersten Tor des Monats gratuliert. Jetzt braucht er nur noch zehn, um mich einzuholen.«

(Lukas Podolski nach einer direkt verwandelten Ecke zu Christian Clemens)

Im Januar 2007 im spanischen Trainingslager versammelt **Co-Trainer Koch** die Mannschaft, bevor es früh am Morgen zum Krafttraining geht, im Halbkreis und drückt den erstaunten Profis einen Zettel in die Hand. Mit leuchtenden Augen verkündet der Koch: »Da steht ein Lied drauf, das **singen wir jetzt alle gemeinsam**.« Und dann **summen Daum und Koch** auch schon den großen, alten Freddy-Quinn-Hit aus dem Jahre 1966 »100 Mann und ein Befehl« an. Gemeinsam mit den Spielern soll nun der extra frisch gedichtete Text gesungen werden: »30 Mann und nur ein Ziel. Und ein Weg, den jeder will. Fern von zu Haus ist uns einerlei, denn ich bin bei den 30 Mann dabei.«

Auf die Frage der begleitenden Journalisten, wie man denn auf eine solch grandiose Idee gekommen sei, antwortet **Daum** stolz: »In der Vorbereitung ist es wichtig, dass die Spieler bei der harten Arbeit **lächelnd umfallen.** Das hat schon Sepp Herberger gesagt.« Und **Roland Koch** ergänzt: »Man muss die Spieler wach kriegen und ihnen gleichzeitig Freude mit in den Tag geben. Wer geht schon gerne um diese Uhrzeit in den Kraftraum …«

Doch wie kamen die Trainerfüchse ausgerechnet auf Freddy Quinn? War einer der beiden Motivationstalente etwa ein Fan des Hamburger Sangesbarden? Daum klärt auf: »Mein langjähriger **Torwart-Trainer Eike Immel** hat immer die Kassetten von Quinn gehört, daher kennen wir die Lieder.«

Kokain

»Ich hätte mir die **Haare gewaschen**.«
(Felix Magath auf die Frage, was er an Daums Stelle mit seinen Haaren gemacht hätte)

»Ja, wenn **Gras** über die Sache gewachsen ist.«
(Franz Beckenbauer auf die Frage, ob Christoph Daum nach den Drogenvorwürfen noch einmal Trainer werden könne)

Peter Grunert
Daum:
War es ein Komplott?

Neue Erkenntnisse, Daten, Fakten, Hintergründe

»Der Christoph Daum, der sollte mal eine **Erziehungskur** machen.«
(Franz Beckenbauer)

»Christoph, lass das Koksen sein. Das macht den Kopf hohl. **Ich weiß, von was ich rede!**«
(Jimmy Hartwig zum Kokainkonsum von Daum)

»Wichtig ist, dass er nun eine klare **Linie** in sein Leben bringt.«
(Lothar Matthäus zum Kokaingeständnis von Christoph Daum)

3:0 steht es in der Saison 1981/82 am Ende für den FC vor 46.000 Zuschauern gegen **Borussia Mönchengladbach,** doch Fohlen-Torwart **Wolfgang Kleff** hatte dennoch seinen Spaß: »Der **Pierre Littbarski** kommt von halbrechts. Ich geh ein bisschen raus, gar nicht mal so weit, will den Winkel verkürzen. Der sieht das, **geht unterm Ball** und erwischt mich. Und der Ball fliegt, wirklich, lange Ecke. Als der unterwegs war, wusste ich schon, **der geht rein.** Da kannst du eine **Leiter in der Tasche** haben. Da habe ich dagestanden, der Ball war noch nicht drin – und **habe geklatscht**.«

»Es gibt **Bundesligatrainer,** die sind **so leise,** dass man von denen gar nicht mehr weiß, ob sie **überhaupt noch leben.**«
(Pierre Littbarski)

»Pack dir den Ball, Pierre, und lass sie tanzen. Mach was Schönes!«
(Hennes Weisweiler zu Pierre Littbarski)

Starschnitt
Christoph Daum

Trainer Christoph Daum verspricht den FC-Fans an Silvester, zur neuen Saison einen absoluten Kracher fürs Mittelfeld holen zu wollen. Er möchte den Sohn des legendären **Pelé** nach Köln transferieren. Die Geschichte schlägt ein wie eine Bombe. Ein echter Pelé im Müngersdorfer Stadion! Die erfolgshungrigen FC-Anhänger jubilieren bereits. Doch die Sache hat einen Haken: **Osvaldo** spielt zwar Fußball, aber erstens **nicht sonderlich erfolgreich** und zweitens auch noch **im Tor**. Aber das wusste Daum bereits, als er den Journalisten die sensationelle Nachricht unterbreitete. Mit einem Lächeln auf den Lippen entschuldigt er sich: »Sorry, war nur ein Werbegag. Aber ich musste doch mal wieder einen raushauen, oder?!«

»Der Zug kommt nur einmal im Leben vorbei, den musst du erwischen!«
(Über die einmalige Chance, Trainer eines Bundesligisten zu werden.)

»Mir ist es egal, ob es ein Brasilianer, Pole, Kroate, Norddeutscher oder Süddeutscher ist. Die Leistung entscheidet, nicht irgendeine Blutgruppe.«

November 1987: Christoph Daum mit Ehefrau Ursula und Sohn Marcell auf dem Spielplatz

125

In seinem Buch »Alles« lässt Bodo Illgner sein fiktives Alter Ego »Kevin« den Kalauer-Satz sagen: »Lieber vor dem Spiel auf die Toilette, als im Spiel in die Hose.« Im Buch ist das Kevins »Lieblingsspruch« und »durchaus doppeldeutig« gemeint.

»Wir haben drei Tore auf Cottbus gutgemacht.«

(Andreas Rettig nach einem 0:3 in Schalke und gleichzeitigem 0:6 des Konkurrenten im Abstiegskampf in München)

»Ich habe früher auch Elfmeter gegen Leute geschossen, die ich 1.000 Jahre kannte.«

(Friedhelm Funkel auf die Frage, warum sich ausgerechnet Dirk Lottner gegen seinen alten Bekannten Tim Wiese als Strafstoß-Schütze versuchte – und scheiterte)

»Als ich in **Duisburg** war, war *Friedhelm Funkel* in *Uerdingen.* Dann war er in *Duisburg* und ich in **Rostock.** Jetzt ist er in *Rostock* und ich in **Köln.** Ich hoffe nur, dass er nicht bald nach Köln kommt.« Was kurze Zeit später tatsächlich geschah …
(Ewald Lienen)

SLOBODAN TOPALOVIC

Kölns Torwart **Slobodan Topalovic** ist ein absoluter Star – bei den **»Montagsmalern«** von Frank Elstner. Seine Malereien und Stickereien sind seit einem Auftritt in der Sendung heiß begehrt. Topalovic produziert am laufenden Band, doch ist eins seiner Werke fertig, ist es auch schon weg: **»Ausstellungen scheiterten immer daran, dass mir die Bilder schon abgekauft wurden, ehe ich eine Kollektion zusammenstellen konnte.«** Zwischen 400 und 1.500 Mark kostet ein Werk. 40 hat er innerhalb von zwei Jahren an den Mann gebracht. Doch nun plagen ihn die ersten Probleme eines echten Künstlers: »So sehr ich mich freue, dass meine Bilder so großen Absatz finden, die Sache hat auch einen Haken. Je größer der Druck wird, unbedingt malen zu müssen, desto schwerer fällt es mir.« Vielleicht auch deshalb will der Torhüter nach der Karriere lieber wieder etwas ganz anderes machen. Topalovic: **»Mein Berufsziel: Rechtsanwalt!«**

Bayern-Stürmer **Karl-Heinz Rummenigge** spielt nicht gerne gegen **Harald Konopka**, und auch Konopka kann **»Rotbäckchen«** nicht leiden: »Nach zehn Minuten habe ich gegen den fast immer **blutige Stutzen,** das ist jedes Mal so.«

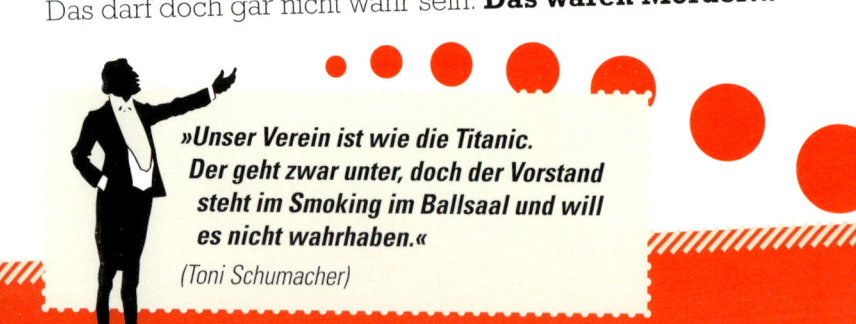

*9. Mai 1962:
Vor dem Finale
um die Deutsche
Meisterschaft gegen
den 1. FC Nürnberg
beziehen die Kölner
ihr Quartier in
Berlin und spielen eine
Partie Boule: Leo Wilden,
Hans Sturm und Präsident
Franz Kremer (v.l.).*

Noch arbeitet der
Mann für den DFB. Bald schon soll er den
1. FC Köln übernehmen, der »Fußballprofessor« **Karl-Heinz
Heddergott**. Der Trainer gilt als sehr fortschrittlich: »Während des
laufenden Spiels spreche ich immer meine unmittelbaren Eindrücke
auf Band, schlafe eine Nacht darüber und werte diese Erkenntnisse
dann am nächsten Tag schriftlich aus.«

Über Hansi Sturm und Heinz Simmet sagt **Hannes
Bongartz:** »Die haben geputzt, da haste manchen Sams-
tagnachmittag gedacht, Mensch, geh lieber ins Parkcafé.
Das darf doch gar nicht wahr sein. **Das waren Mörder!«**

»*Unser Verein ist wie die Titanic.
Der geht zwar unter, doch der Vorstand
steht im Smoking im Ballsaal und will
es nicht wahrhaben.«*

(Toni Schumacher)

»Die Keimzelle des Fußballs ist das Zweikampfverhalten. Jeder, der das Fußballfeld betritt, hat das Ticket zum Krankenhaus in der Tasche. Ob er es einlöst oder nicht, wissen wir erst nach 90 Minuten! So sieht das aus!«

(Christoph Daum)

»Ich wäre manchmal so gerne ein Schauspieler. Da hast du einen Text, an den kannst du dich immer halten. Oder ein Sänger, der findet Sicherheit in der Melodie. Wenn diese beiden in Bedrängnis geraten, haben sie eine Souffleuse oder singen lalala.«

(Pierre Littbarski)

Pierre Littbarski und seine Ehefrau Monika hören gemeinsam über Kopfhörer das Album »Alpha« von »ASIA«.

»Wenn man zu lange sitzt, bekommt man einen Buckel.«

(Kölns potenzieller Ersatztorwart Gerhard Welz äußert in der Saisonvorbereitung etwas verklausuliert den Wunsch, lieber zu spielen.)

»Ich habe jetzt die Trainer alle gesprochen, unter denen er gearbeitet hat. Jeder Trainer hat mir bestätigt, dass er **der faulste Spieler** ist, den sie je hatten.«

(Uli Stein über Lukas Podolski)

»Vielleicht finden wir für die Kollegen von der Boulevardpresse ein neues Thema, über das sie die nächsten 1.080 Minuten schreiben können.«

(Ewald Lienen, nachdem Christian Timm nach 1.166 Minuten wieder ein Tor erzielte)

»Aber das war so ein richtiger Schuss in die emotionale Lage, richtig in die Tränendrüsen rein.«

(Dirk Lottner über sein Tor in seinem letzten Heimspiel für den 1. FC Köln)

Entertainer und Stuttgart-Fan Harald Schmidt langweilt seinen Redaktionsleiter und FC-Fan Manuel Andrack mit seinen Fußballweisheiten.

»Jancker zieht sich nach dem Spiel auch dann das Trikot aus, wenn er gar nicht gespielt hat.«

(Harald Schmidt)

»Christoph, das wäre mir scheißegal gewesen!«

(Ewald Lienen auf die Bemerkung seines Leverkusener Trainerkollegen Christoph Daum, ein Kölner Sieg gegen seine Mannschaft wäre »zu viel des Guten« gewesen)

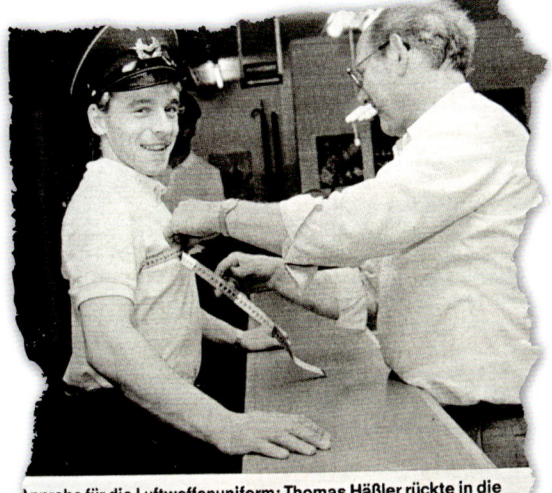

Dumm gelaufen: **Icke Häßler** hat seinen Erstwohnsitz in Berlin aufgegeben und wird ab sofort in Hürth gemeldet. Eigentlich keine eigene Nachricht wert, doch Häßler hat damit auch seinen Sonderstatus als Berliner aufgegeben – und muss folgerichtig sofort zur Bundeswehr. Sport-Förderkompanie in Essen, Abteilung Luftwaffe.

Anprobe für die Luftwaffenuniform: Thomas Häßler rückte in die

»Ach, lesen Sie doch mal einige Dinge in der Boulevardpresse. Da muss ich sagen, da war Münchhausen **Empiriker** dagegen, was da zum Teil erscheint.«

(Christoph Daum)

»Zukunft, das ist die Zeit, in der du bereust, dass du das, was du heute tun kannst, nicht getan hast.«

(Udo Lattek)

»Stuttgart hat sich im Prinzip den Finger in der Nase abgebrochen.«

(Ewald Lienen)

Starschnitt ....
Lukas Podolski

16. Spieltag, Saison 2003/04, Hansa Rostock gegen den 1. FC Köln (1:1). Premiere-Reporter Christian Sprenger mit Nachwuchstalent Lukas Podolski: »Das erste Tor von dem jungen Mann neben mir. Herzlichen Glückwunsch dafür, im vierten Spiel, kann man eigentlich nicht meckern?!« Podolski: »Ja, aber, natürlich der Sieg hat gefehlt, ne! Wenn man so knapp davorsteht, dann will man auch schon gewinnen, ne!« Sprenger: »Warum hat es dann letztlich nicht geklappt? Durch den Elfmeter? Ist da ein bisschen Unruhe entstanden?« Podolski: »Ja, ich glaub, erst hat man den Elfmeter und dann kriegen wir das Gegentor – das ist natürlich scheiße, ne! Muss man drauf aufpassen.« Sprenger: »Waren gerade einmal 19 Sekunden dazwischen. Haben Sie damit gerechnet, dass Sie heute wieder von Beginn an dabei sind?« Podolski: »Ja, ich denk mal, im Training will man sich zeigen, und dann sieht man auch, wenn ein Trainer einen aufstellt, ne!« Sprenger: »Wenn wir jetzt auf die Tabelle gucken, nach ganz unten. Dieser eine Punkt, so richtig viel bringt der ja nicht, wie …« Podolski: »Wir haben uns vorgenommen, aus den zwei Spielen sechs Punkte zu holen, das ist natürlich scheiße heute, ein Punkt zu wenig.« Sprenger: »Das heißt jetzt, gegen Hertha müssen fünf her!« Podolski lacht: »Hä, ha, natürlich wollen wir gegen Hertha auf jeden Fall gewinnen, ne! Also, das ist das nächste Ziel, drei Punkte gegen Hertha.«

Der karnevalistische Poldi am Geißbockheim

»Ich überlege, mir die Zahl zu tätowieren.«

(Über seine Torflaute, die er nach 1.425 Minuten beendete)

»Es überwiegt eigentlich beides!«

»Er muss nun nur aufpassen, dass sie in Köln die Stadt nicht einreißen, wobei, die **Häuser stürzen bereits ein ...«**

(Franz Beckenbauer über Podolskis Rückkehr zum FC)

»Der soll gerade was sagen, der hat doch die gleiche Frisur, seit er elf ist.«

(Marcell Jansen, nachdem Lukas Podolski sich über seine neue Frisur lustig gemacht hatte)

»Der kann doch kein Deutscher sein! Podolski verpatzt einen Elfmeter. Aber er wurde auch in Polen geboren.«

(»Daily Mail«)

Für Arminias Stürmer **Uwe Fuchs** emotional kein einfacher Tag. Sein eigener Verein muss ebenso in die zweite Liga wie der FC, bei dem er einmal spielte, und sein Heimatklub, der 1. FC Kaiserslautern, feiert den Titelgewinn. Uwe Fuchs will diesen Tag auf seine Weise beenden: **»Ich werde wohl stündlich die Getränke wechseln, von Champagner über Bier bis Selters ist heute alles dabei.«**

Trainer Christoph Daum ganz zurückhaltend: »Ich werde **nicht mehr auf die Pauke hauen,** sondern die Querflöte spielen, mit leiseren Tönen. Sprüche sind Begleiterscheinungen. Davor steht harte Arbeit. 80 Stunden pro Woche. **Nur wer das Handwerk beherrscht, darf trommeln.«**

»Im Moment nicht. Yeboah und Chapuisat sind besser drauf.«

*(Uwe Fuchs auf die Frage,
ob die Nationalmannschaft
ein Thema sei)*

Im Abstiegskampf greift selbst die Gattin des Trainers Georg Keßler tief in die Schatzkiste der Rhetorik: »Das Kind ist sehr krank, aber noch lange nicht tot!«

An der Haustür von Nationalkeeper **Toni Schumacher** befindet sich kein Namensschild. Braucht es aber eigentlich auch nicht. Denn dafür steht dort der vielsagende Hinweis:

Autogrammkarten nur noch montags von 13:30 bis 14 Uhr!

Harald Konopka vom 1. FC Köln ist als knallharter Abwehrrecke bekannt. Umso überraschender für manchen Gegenspieler, dass dieser Mann in seiner Freizeit einem feinsinnigen Hobby nachgeht: Konopka sammelt Bilder. Und nicht irgendwelche. Der Kölner: »Dalis sind gar nicht so teuer, wie der Laie vermutet.« Einen Picasso bekam er von einem befreundeten Galeristen geschenkt: »Allerdings unsigniert, aber goldecht!« Preis: 1.000 Mark. Das Künstlerleben findet Konopka generell spannend und irgendwie auch »freier«: »Die Maler sind uns Profis gegenüber doch im Vorteil. Da kenne ich welche, die werfen gleich das ganze Bild weg, wenn ihnen nur ein einziger Pinselstrich danebengeht. Ich aber kann doch nicht sagen: **Flanke misslungen, die schmeiß ich weg!«**

135

Als der Bayern-Manager Uli Hoeneß vor der Partie beim 1. FC Köln mit seiner Frau in den Innenraum des Müngersdorfer Stadions will, wird ihm dies verwehrt: Frauen hätten im Funktionsbereich nichts zu suchen, wird ihm gesagt. Nach dem 3:0-Sieg der Münchner nimmt Uli Hoeneß die Angelegenheit sportlich: **»Solange die Kölner die Frauen aussperren, wird aus denen nie etwas!«**

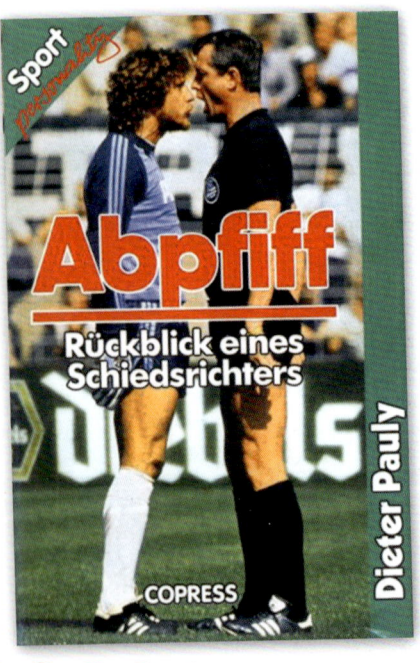

Ein Foto geht um die Welt. Köln spielt in Dortmund (2:2), Schiedsrichter Pauly und Torwart Schumacher stehen Nase an Nase und giften sich an. Schumacher brüllt Pauly an: **»Pfeif nicht so einen Scheiß!«** Der Schiedsrichter tritt noch einen Zentimeter näher an Schumachers Gesicht heran und brüllt zurück: **»Wenn hier einer schreit, dann bin ich das, Herr Toni. Sie gehen sofort zurück in Ihr Tor, und die Gelbe Karte nehmen Sie gleich mit!«**

Jimmy Hartwigs Meinung über Pierre Littbarski ist nicht sonderlich hoch: »Der unterhält sich am liebsten über **Schlümpfe**. Mir liegt **Politik** mehr am Herzen.«

Vor dem 2:1-Auswärtssieg bei Werder Bremen in der Saison 1988/89 schickt Trainer **Christoph Daum** den Kölner Geschäftsführer Schänzler zur Bank, um 35.000 Mark abzuheben. Es ist die

Prämie, die jeder Spieler im Falle des Gewinns der Meisterschaft erhalten soll. Er klebt das Geld zusammen

mit seinem kongenialen Partner Koch auf Pappe und pinnt es im Besprechungsraum an eine Tafel. Daum zu seinen verblüfften Spielern: **»Damit ihr seht, um was es heute geht!«**

Als **Ewald Lienen** Trainer beim 1. FC Köln ist, befragt man vor einem Spiel gegen den FC Schalke 04 eine **Wahrsagerin**, wie sie den Coach einschätzen würde. Und Medusa, die angeblich Alfred Biolek und Michail Gorbatschow zu ihren Kunden zählt, legt sich fest: »Der wird früher oder später **überall scheitern.** Ein großer Kämpfer zwar, doch er steht sich oft selbst im Weg. Dieser Mann findet keine Ruhe, weil er alles 1.000-prozentig machen will. Er **gibt sich nie zufrieden,** schafft sich dadurch viele Feinde. Er kann einfach **keine Fehler verzeihen.«** Dass Lienen Trainer ist, weiß Medusa übrigens angeblich nicht, denn von Fußball »verstehe sie leider gar nichts«.

Eine Runde Skat: Mit Kartenspielen entspannte das Team vor dem Finale um die Deutsche Meisterschaft gegen den 1. FC Nürnberg 1962 in Berlin.

Manchmal kommt es anders, als man denkt. Kurz bevor Torwart **Norbert Nigbur** in den Siebzigern endgültig beim 1. FC Köln seinen fix und fertig ausgehandelten Vertrag unterschreibt, sitzt er gemütlich am Mittagstisch, als ihn eine **schwere Verletzung** heimsucht. Was damals genau geschehen ist, weiß der Torhüter bis heute nicht. Verzweifelt versucht er aufzustehen, doch das Knie ist unbeweglich. Nigbur hat sich beim gemütlichen Essen zur Mittagsstunde den **Meniskus eingeklemmt** und muss operiert werden. Beim FC darf anschließend ein gewisser Mann namens **Toni Schumacher** in den Kasten – und eine **Weltkarriere** starten.

»**Genauso wie Sie!**«
(Jörg Berger auf die Frage, wie er das Gegentor seiner Mannschaft gesehen habe)

»Jetzt hat er nicht einmal den Trost, sich die Haare ausreißen zu können.«
(Guy Roux über Carsten Jancker)

»Meine Frau hat irgendwann einen **hässlichen Vogel** kennen und lieben gelernt und sogar geheiratet. Meine Kinder lachen mich zwar aus, aber sie kann damit leben. Mir ist egal, wie ich aussehe. Ich bin kein Dressman für Zwischengrößen, sondern Trainer.«

(Peter Neururer)

»Das Spiel heute war ein **wichtiges** Spiel. Die elf Spiele zuvor waren **wichtige** Spiele, das Spiel am Freitag gegen Mönchengladbach wird ein **wichtiges** Spiel, und die folgenden 21 Spiele werden auch **wichtige** Spiele. **Alle Spiele sind wichtig.**« *(Ewald Lienen)*

Heinz Flohe mit Ehefrau Ulla und Sohn Nino

kettcar

»*Ich bin der Hans Albers der Bundesliga. Der konnte saufen wie ich und auch arbeiten.*«

(Udo Lattek)

»Uns fehlte in München die **Geilheit**.«

(Friedhelm Funkel)

Starschnitt ·················
Udo Lattek

Schon nach acht Spieltagen und einem 3:1-Sieg über die
Bayern heißt der neue Sportdirektor Udo Lattek nur noch »Udo,
der Guru«. Einen möglichen Erfolg über seinen ehemaligen
Verein, so hatte Lattek einen Tag vorher angekündigt, wolle er
tüchtig feiern: »Wenn wir die **Bayern schlagen,** liege ich
morgen schon **besoffen vor der Sportschau.«**

Doch mit den Bierchen
muss er noch etwas
warten – Lattek ist
Studiogast in der
ARD-Sendung. Thema
ist natürlich sein
blauer Pullover.

PUMA ···· AKTUELL ···· PUMA ···· AKTUELL

**Udo Latteks blauer Pullover — Das teuerste
Kleidungsstück der Bundesliga!**

Sicher lag es nicht nur daran, daß es ein PUMA Pullover war!
Denn für sage und schreibe 36 000 DM kam der berühmte
Kleidungsstück auf den Kölner Sportpressefest zugunsten der
Kinderkrebshilfe unter den Hammer.
Eine großartige Sache für einen guten Zweck!
Sportswear und Freizeitbekleidung gibt's
aktuell beim PUMA Fachhändler.

PUMA
... denn PUMA macht's mit Qualität.

In Frankfurt will man am 13. Spieltag endlich den ominösen
blauen Glückspullover von Kölns Sportdirektor waschen.
Deshalb umrundet auch immer wieder eine gesponserte
Waschtrommel das Feld. Da das Spiel 1:1 ausgeht, hält der
Mythos weitere zwei Wochen. Aber nach 15 Partien ist der Pulli
schließlich bei Werders 2:1-Sieg über Köln fällig.
Am Ende schließt Lattek das gute Stück sogar
nachts im Tresor ein, aus Angst vor Dieben.
Als der Pullover versteigert wird, erlöst
er stolze **36.000 Mark** für die Mainzer
Kinderkrebshilfe (gekauft hat ihn »4711«).
Eine Menge Geld, wiewohl Lattek eigentlich
noch mehr wollte. Als ein Fan das
kostbare Kleidungsstück bei einem
Spiel mit ihm tauschen möchte,
sagt der Sportdirektor: »Mein
Pullover kostet vier Millionen!«
Der Neupreis lag übrigens bei
80 Mark.

Im Herbst des Jahres 1991 hat der 1. FC Köln gerade einen Fehlstart hingelegt. Tabellenplatz 17 (von 20 Mannschaften) und eine Truppe auf dem Platz, die irgendwie lustlos spielt. Sportdirektor Udo Lattek wirkt ratlos, und die Medien werden langsam unruhig. Der Widerstand gegen die Vereinspolitik beginnt sich zu regen. Das alles muss auch die kleine neunjährige Tochter der Latteks mitbekommen haben. Denn eines Morgens zieht sie los, packt einen Haufen Kreide zusammen und schreibt auf über zwei Dutzend Autos in der Lövenicher Malteserstraße, in der die Familie des Sportdirektors damals wohnt: *Lattek: JA!*

»Sie können ruhig etwas lauter nicken!«

Christoph Daum: »Du musst den Menschen kennen und dann richtig anpacken. Udo kann das. Er sagt nur ein paar Worte, aber die sitzen. Lattek ist mehr als die Einzeldinge, die wir hier nennen können. Zum Beispiel **sein Blick:** Der bringt oft mehr als großes Gerede.« **Lattek:** »Mir hat mal eine spanische Tänzerin gesagt, dass ich die **Augen eines Pumas** habe!«

141

Pierre Littbarski (l.) und Toni Schumacher wünschen als Schornsteinfeger verkleidet ein frohes neues Jahr.

Pierre Littbarski *darf seit 1992 bis an sein Lebensende umsonst bei McDonalds essen – allerdings nur in Köln. Der Nationalspieler hatte eine Ehrung für verdiente Mitarbeiter durchgeführt.*

Den schlechten Zustand des Braunschweiger Rasens quittiert Toni Schumacher mit einem feinen Spruch: »Der Günter Mast will wohl demnächst im Stadion die Kräuter für seinen komischen Schnaps anpflanzen.«

Bei einer 4:0-Niederlage der Kölner in Frankfurt unterläuft **Weisweiler** ein Fauxpas. Er wechselt nach dem **Jugoslawen Topalovic** und dem **Dänen Larsen** auch noch den **Belgier van Gool** ein – ein Ausländer zu viel. Zudem sind auf dem Kölner Spielbogen vor der Partie nur **zwei »F«** vermerkt; hinterher dann aber **drei**. Sehr merkwürdig. »F« steht übrigens für **Fremdling!**

Ein Ausschnitt aus dem Buch »Alles. Ein fiktiver Tatsachenroman« von Bodo & Bianca Illgner: »Seine Berührungen mit Fingern und Zunge brachten mich zur Ekstase. Alle Ängste und Sorgen rückten in weite Ferne. Ich ließ mich einfach fallen und spürte nur noch dieses wohlige Gefühl, das sich zwischen meinen Schenkeln breit machte. Ich wollte noch mehr davon und bewegte meinen Körper in rhythmischen Bewegungen auf und ab. Wie in Trance warf ich meinen Kopf von einer auf die andere Seite. Ich wollte ihn ganz, sofort! Langsam drang er immer tiefer in mich ein. Ich schrie und keuchte vor Entzücken. Meine Bewegungen wurden immer kräftiger und schneller …«

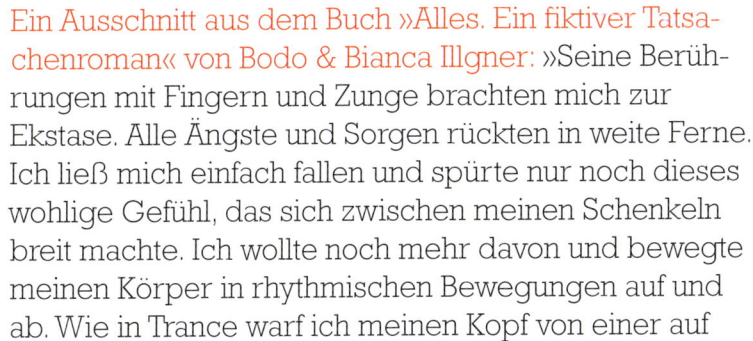

Bodo und Bianca Illgner bei der Präsentation ihres Buchs »Alles«.

143

FC-Coach **Holger Stanislawski** zur Vertragsverlängerung mit dem 33-jährigen **Kevin McKenna**: »Wir nehmen nur noch **ganz alte Spieler.** McKenna ist alt, staubt ja manchmal schon mal. Ich glaube, dass jung überschätzt wird. Das Entscheidende ist: alt, Erfahrung, langsam, verletzungsanfällig. **Alles das, was scheiße ist,** werden wir jetzt versuchen, in diese Mannschaft **einzubauen.** Deswegen auch mit Kevin McKenna die Vertragsverlängerung. Wir möchten, dass er seine **Goldene Hochzeit** mit dem 1. FC Köln hier feiert, als Spieler, nicht in einer anderen Funktion. Eigentlich bis zum Ende!«

»Das ist das Schöne an offenen Geheimnissen: Die kommen ganz selten ans Licht.«

(Christoph Daum)

»Wenn ich mich vor einem Punktspiel umgezogen habe, gehe ich jedes Mal für rund **zehn Minuten aufs stille Örtchen.** Dabei **entspanne** ich mich ungemein, gleichzeitig konzentrier ich mich auf die bevorstehenden 90 Minuten. Nebenan sitzt meist der **Pierre.** Wir beide **unterhalten uns** dann über das Spiel. Das mag vielleicht komisch klingen, aber anschließend gehen wir beide dann bedeutend **ruhiger und konzentrierter** auf den Platz.«

(Stephan Engels)

»Ich bin froh, dass Halbzeitansprachen unter Ausschluss der Öffentlichkeit stattfinden. Sonst könnte das zahlreiche Beleidigungsklagen zur Folge haben, die ohne Probleme durchgehen würden. Ich kann nämlich nicht nur **universitätsreif sprechen,** sondern beherrsche auch eine Sprache, die **sehr verletzend** ist.« *(Christoph Daum)*

»Ja, um 10, 12, 15 und 17 Uhr.«
(Ståle Solbakken nach einer 1:5-Niederlage des 1. FC Köln auf die Frage, ob er am Sonntag trainieren lassen wolle)

»Besonders sexy bin ich ja bestimmt nicht, aber seit ich als Trainer arbeite, beherrsche ich zumindest die **Verbalerotik**.«
(Peter Neururer)

»Mit einem richtigen Sportpsychologen war es das erste Mal, aber ich hatte schon mal eine ähnliche Begegnung mit Christoph Daum.«

(Michael Ballack auf die Frage, ob er vor Hans Dieter Hermann, der sich in Japan dem Nationalteam vorstellte, schon mal Kontakt mit Sportpsychologen hatte)

145

Richtig beliebt war auch der spätere Europameister-Trainer **Rinus Michels** bei seinem Engagement in Köln nicht. Besonders die Spieler klagten über die ruppigen Methoden des Niederländers. Der junge **Pierre Littbarski** erinnert sich genau an die damalige Schreckensherrschaft beim FC: »Nach einer Niederlage in der Bundesliga meinte Michels zornig zu uns: ›Wir sehen uns morgen früh beim Training.‹ Sonntags, eigentlich unser freier Tag. Als wir morgens alle angetreten waren, fragte Michels: ›Wie habt ihr geschlafen?‹ Wir Spieler antworteten: ›Schlecht.‹ Michels darauf: ›Ich auch, verdammt schlecht.‹ Dann meinte er: ›Dafür lauft ihr jetzt Runden auf Zeit!‹ Nach einer Stunde hockten wir alle total fertig wieder in der Kabine. Michels sah zufrieden über uns hin und meinte verächtlich: ›Jetzt geht's mir wieder gut!‹«

Ewald Lienen hatte bei den früheren Derbys zwischen Gladbach und Köln einen Kettenhund an seiner Seite, wie er selbst einmal erzählte: »Wenn mich der **Konopka** zu sehr geärgert hat, ist der **Berti** über die Mittellinie gekommen und hat mich **gerächt.** Das war zwar gegen meine pazifistische Grundeinstellung, aber tief drinnen habe ich eine leichte Genugtuung gespürt.«

Der Dirigent

Dortmunder Freunde gebt mal acht,
was die Elf vom Geißbock macht.
denn Dortmund hat zwar gutes Bier
doch Deutscher Meister bleiben wir.

Der Torjäger

kicker
die sportrevue

Start in die Rückrunde:
1. FC Köln bleibt Favorit!

Nach dem 29. Spieltag der ersten Bundesligasaison beginnen in Köln die Planungen für die Meisterfeierlichkeiten: Als Erstes wird vor dem Spiel gegen den VfB Stuttgart und in der Halbzeitpause ein Fanfarenkorps aus Groß-Linden für Musik sorgen. Nach der Begegnung fährt die Mannschaft in einem offenen Wagen zum Geißbockheim, wo das Meister-Bankett und ein Volksfest für die Fans mit Feuerwerk stattfinden werden. Der »kicker« berichtet: »In einem großen ›Bierbrunnen‹ werden 60 Hektoliter Freibier (das sind 30.000 Gläser!) ausgeschenkt, die eine Kölner Brauerei stiftete. Auf der Terrasse des Klubheims wird eine Wasserorgel installiert!«

»So eine Serie hatte ich zuletzt als 13-Jähriger bei TuS Schloß Holte.«

(Ewald Lienen über den Höhenflug seines Teams)

Der heißblütige **Cajkovski** wurde als Spieler einmal für einige Wochen »vereinsintern« gesperrt, doch sein Temperament blieb ihm später auch als Trainer erhalten. Seine »Explosionen« nach verlorenen Spielen waren von seinen Mannschaften gefürchtet, und so überraschte es viele, als er im September 1962 als Trainer des 1. FC Köln nach einem Europapokalspiel beim schottischen FC Dundee ruhig blieb. 1:8 hatten die Rheinländer verloren, und die selbst noch untröstlichen Spieler versuchten ihren schwer angeschlagenen Trainer zu trösten. Doch Tschik Cajkovski war nicht zu besänftigen und sagte so kurz vor dem Heimflug den legendären Satz: **»Winschte, Maschine stirzt ab«,** oder wie es in seinem Buch »Ich mache Mannschaften« entschärft und weniger radebrechend heißt: »Am besten ist, Flugzeug stürzt ab.«

Mannschaft des 1. FC Köln 1962/63 vor den Endrundenspielen um die Deutsche Meisterschaft

Uwe Bein haben sie früher **»Onkel Doktor«** gerufen: »In Köln führten wir einen Ausdauertest durch, ich bin ganz locker gelaufen. Da sagte Pierre Littbarski zu mir: ›Wie der Wessinghage.‹ Weil der Doktor ist, nannten sie mich einige Zeit so.«

Bei einer Fragerunde im Rahmen des »FC-Stammtischs« im November 2009 will ein Kölner Fan von **Peter Neururer** wissen, ob die Anekdote stimme, dass sich der Coach vor der ersten Begegnung die Mannschaftsaufstellung von einem Anhänger habe diktieren lassen: »Dass ich, als ich damals Trainer vom FC geworden bin, die Spieler nicht kannte, kann ich mir nicht vorstellen. Aber es ist durchaus richtig, dass ich – ich weiß nicht mehr, wer es war – einen Beteiligten gefragt habe: ›Wenn du die Verantwortung hättest und ihr meckert immer rum, dann sag du mir doch mal, wer soll denn in Leverkusen spielen. Nenn mir mal die Aufstellung.‹ Das gleiche Spielchen mache ich übrigens auch immer gerne mit Präsidenten, wenn die beginnen, Kritik auszuüben, dann sag ich: ›Was stellen Sie sich eigentlich vor? Machen Sie mal für morgen die Aufstellung, dann haben Sie aber auch die Verant-wortung. Da wird kein Präsident dieser Welt etwas sagen.‹ Dieser Fan hat mir ein paar Namen genannt, und es ist durchaus möglich, dass davon auch einige in Leverkusen gespielt haben. Aber wenn es so war: Wunderbar! Wir haben, glaube ich, in Leverkusen damals gewonnen, 2:1. Ich glaube, der Herr war Gemüsehändler aus Köln. Kennt jeder. War jeden Tag am Geißbockheim.«

Tony Woodcock mit seiner Frau Carole

»Ich hätte einen Gemischtwaren-Laden aufmachen können.«

(Toni Schumacher, nachdem er bei einem Spiel schon beim Warmmachen mit allerlei Gegenständen beworfen wurde)

»Das sah ja nicht sehr attraktiv aus, wie der Ball so über mich hinweg geflogen ist und die Mittel feldspieler fast eine Halsentzündung bekommen hätten.«

(Ewald Lienen über die Spielweise seines Teams)

»Für mich war das Theater mit den Bayern damals ein Hilfeschrei. Ich war es satt, dass keiner Notiz von mir nahm. Die Folgen habe ich mir gar nicht so genau überlegt. Aber ich war fortan der Provokateur, der Lautsprecher und damit auch eine Figur im Trainergeschäft.«

(Christoph Daum über die Auseinandersetzungen im Frühjahr 1989 und ihre Folgen)

»Ich werde einen Teufel tun und Ewald widersprechen. Er hat sich ja alles ganz genau notiert.«

(Felix Magath zur Spielanalyse von Ewald Lienen)

Wolfgang Weber präsentiert seine Mercedes E-Klasse.

Es ist **eines der legendärsten Gespräche, die je im »Aktuellen Sportstudio« des ZDF stattgefunden haben.** Das Rededuell vom 20. Mai 1988 zwischen Christoph Daum und Udo Lattek auf der einen und Uli Hoeneß und Jupp Heynckes auf der anderen Seite ist in die Bundesligageschichte eingegangen. Nachdem der FC-Trainer in einem Interview gesagt hatte: »Ich habe Heynckes überall gesehen: in Venlo, in Rotterdam und im Fernsehen. Aber wir sind wie die Königskinder. Wir kommen nicht zusammen«, gelingt es ZDF-Moderator Bernd Heller vor dem Duell des 1. FC Köln gegen den FC Bayern München am 31. Spieltag im Müngersdorfer Stadion, die vier Streithähne zu sich ins Studio einzuladen. Dort ist die Stimmung spürbar angespannt.

Es entspinnt sich **eines der seltsamsten Gespräche,** die je im deutschen Fernsehen geführt werden. Die besondere Dramatik ergibt sich aus der Vorgeschichte. Über Wochen hat der Kölner Trainer verbale Attacken Richtung München und dort vor allem auf den Coach Jupp Heynckes gefahren. Daum lässt sich zu Äußerungen wie »Heynckes könnte auch Werbung für Schlaftabletten machen« hinreißen. Als er auch noch sagt: »Die Münchner Journalisten haben mich nach dem Unterschied zwischen Heynckes und einem großen Trainer gefragt«, ist Bayern-Manager Uli Hoeneß richtig sauer: »Das Semester der Rhetorik hat der Daum wohl versäumt.« Auch Heynckes teilt nach dem ersten Schock kräftig aus: »Der Daum ist eine billige Lattek-Imitation. Er hat zu viel Hafenstraßen- und **Kreuzberg-Niveau.** Er hätte den Knopf finden müssen, um sich abzustellen, der braucht doch Medikamente gegen Höhenrausch.«

151

»Ich habe früher auch die großen **Philosophen** gelesen. Doch dann habe ich gemerkt, dass die von meinem normalen Denken absolut abweichen. Jetzt lese ich nur noch **Fußballfachbücher**.« *(Peter Neururer)*

»Wann wird endlich die **Wegwerfpfanne** erfunden?«

(Christoph Daum als Strohwitwer)

Über Bodo Illgner sinniert das Frauenmagazin »Elle«: **»Kein Keeper steckt sein Trikot so elegant in die Shorts wie er, keiner streicht mit derben Handschuhen so lässig die verschwitzten Haare aus dem Gesicht.«**

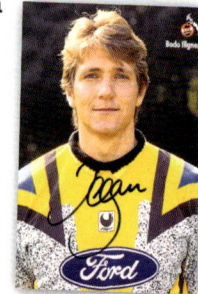

»Mit dem verglichen zu werden – das ist eine **Beleidigung**.« *(Peter Neururer über Christoph Daum)*

»Damals, als er noch mein Trainer in der A-Jugend war, hatte er auch schon am selben Tag Geburtstag.« *(Lukas Podolski über seinen Trainer Frank Schaefer)*

»Wenn sie auf mich hören, haben wir auch verloren. Sobald sie nicht auf mich hören, haben wir gewonnen. Insofern sollte sich der Klub Gedanken machen, ob man **mit mir überhaupt weitermacht**.«

(Trainer Holger Stanislawski)

Karneval lässt auch **Anthony Ujah** und **Slawomir Peszko** nicht kalt. Der Nigerianer Ujah verkleidet sich als Papst im weißen Gewand mit Kruzifix und Köln-Schal um den Hals und verkündet lächelnd: »Heute starte ich meine Kampagne für einen schwarzen Papst.« Der Pole Peszko beweist einen feinen Sinn für Humor und geht als Taxifahrer. Warum? Anderthalb Jahre zuvor hatte er mächtig Stress beim FC, weil er stark alkoholisiert einen Streit mit einem Taxifahrer vom Zaun brach und anschließend zur Ausnüchterung im Kalker Polizeipräsidium landete.

Überaus freundlich präsentieren sich die Bremer bei ihrer 2:0-Niederlage in Köln in der Saison 1978/79. Nicht nur, dass sie sang- und klanglos die Punkte beim FC zurücklassen, sie haben auch noch ein Präsent vorbereitet. Rudi Assauer überreicht dem FC-Keeper **Toni Schumacher** zu seinem **300. Spiel** im Geißbock-Trikot eine regionale Spezialität: ein Fässchen **Matjesheringe!**

In Köln stellt sich in der gleichen Saison ein junges Talent aus Berlin vor: **Pierre Littbarski**. Wieder einmal hat sich die Hertha nicht mit Ruhm bekleckert und das Mittelfeld-Ass von Zehlendorf in den Westen ziehen lassen. Zehlendorfs Präsident erzählt: »Lediglich auf einer Geburtstagsfeier wurde ich einmal so nebenbei auf ihn angesprochen.« Egal. Beim FC ist er herzlich willkommen und Trainer **Hennes Weisweiler** ist von seinem Nachwuchsspieler Littbarski begeistert.

Präsident Dietmar Artzinger-Bolten, Neuzugang Pierre Littbarski und Vizepräsident Neukirch

In Köln scheitert der DFB-Trainerausbilder **Karl-Heinz Heddergott**. An mangelnder Kompetenz kann es eigentlich nicht liegen. Heddergott: **»Ich habe mit meinem Fußballwissen die ganze Welt befruchtet.«** Ein Streit am Anfang der Saison bricht ihm jedoch frühzeitig das Genick. Jungstar **Schuster** zum Trainer: »Flasche!« Heddergott zum Nachwuchsspieler: »Rotzlöffel!« Kurz danach nennt Präsident Weiand nicht das aufmüpfige Talent Schuster einen **»Sozialfall«,** sondern Heddergott. Die Laufbahn des Trainers in Köln endet nach dem achten Spieltag der Saison 1980/81. Auf der Pressekonferenz sieht er Kameras und fragt: »Geht das übers Fernsehen? Dann

Karl-Heinz Heddergott

spreche ich nicht!« Wenigstens das Präsidium des FC sagt an diesem Tag noch etwas – nämlich: **»Tschüss!«**

HARALD SCHUMACHER
1. FC KÖLN

»Vorne nix, hinten nix, in der Mitte nix – rausgekommen ist gar nix.« *(Christoph Daum)*

»Viele junge Spieler sind **faule Säcke.** Und ein paar sind dazu noch **sträflich dumm. Olaf Thon** ist ein Paradebeispiel.«
(Toni Schumacher)

»Irgendwann gebe ich mal den Löffel ab und hab nur eines gekonnt: Bälle fangen!«

(Toni Schumacher)

Toni Schumacher schraubt am Nummernschild seines Opel Kadett Irmscher.

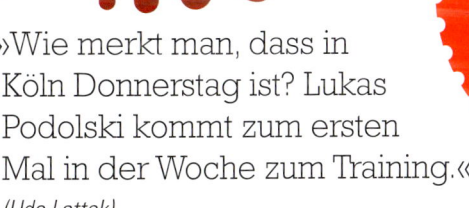

»Wenn ich so einen linken Fuß gehabt hätte wie Lukas Podolski, hätte ich nicht 220 Bundesligatore gemacht, sondern 500.«

(Jupp Heynckes)

»Man hetzt die Leute auf mit Tatsachen, die nicht der Wahrheit entsprechen.«

(Toni Polster)

»Ball rund, Stadion rund, ich rund.«

(Tschik Cajkovski)

»Wie merkt man, dass in Köln Donnerstag ist? Lukas Podolski kommt zum ersten Mal in der Woche zum Training.«

(Udo Lattek)

»In deinem Alter reicht zum Warmmachen eine heiße Dusche.«

(Toni Schumacher zu Wolfgang Rolff, 35 Jahre)

»Wenn du nicht brav bist, dann hole ich den Simmet!«

(Wolfgang Overath droht seinem Sohn Marco mit seinem eigenen Putzer und Wasserträger Heinz Simmet.)

»In Fachkreisen nennt man mich Mr. Uhu, weil mir der Ball immer am Fuß klebt.«
(Thomas Häßler)

Wolfgang Overath beim Training (1968)

»Helmes spielt sehr ökologisch – er verbraucht wenig Sauerstoff und schont den Rasen.«
(Wolff-Christoph Fuss)

»Der Retter kommt mit neuer Unterhose.«
(Der »Express« über den abergläubischen Peter Neururer)

»Ich denke nicht vor dem Tor – das mache ich nie.«
(Lukas Podolski)

»Der FC ♥ ist immer mein Verein und wird es immer bleiben.«
(Lukas Podolski)

19. Mai 1981: Stephan Engels und seine Freundin Elke Bütz auf einem Renault Alpine

Ben Redelings ...

... ist Deutschlands erfolgreichster Fußball-Komiker, außerdem ist er **Bestsellerautor,** Filmemacher und »der ungekrönte Meister im Aufspüren kurioser Fußballgeschichten« (»Deutsche Akademie für Fußballkultur«). Regelmäßig schreibt er für »Spiegel Online« sowie für die Magazine »11FREUNDE« und »Reviersport«. Nach Meinung der »Jungen Welt« tut er dies sogar »um Längen besser als Nick Hornby«.
1975 in Bochum geboren, wollte er eigentlich Lehrer werden. Nach dem ersten Staatsexamen siegte jedoch die Liebe zum runden Leder. Seine Fußballabende SCUDETTO sind **deutschlandweit** bekannt, regelmäßig ausverkauft und genießen mittlerweile Kultstatus.

Foto: Sascha Kreklau

Ben Redelings hat in den letzten Jahren zahlreiche Bücher im Verlag Die Werkstatt veröffentlicht, sein Buch »Fußball ist nicht das Wichtigste im Leben – es ist das Einzige« war der erfolgreichste Fußballroman 2008 und wurde für das »Fußballbuch des Jahres« nominiert. »50 Jahre Bundesliga. Das Jubiläumsalbum« schaffte es mehrmals auf **Platz 1 der Sport-Bestsellerliste**.

Termine und Blog:
www.scudetto.de

www.werkstatt-verlag.de